Next Intelligence

ネクスト・インテリジェンス

高度情報化時代の「利益を実現する知識」

北岡 元
Kitaoka Hajime

慶應義塾大学出版会

目次

第1部　インテリジェンス・サイクルの誕生

第1章　インテリジェンスとは何か?

第2章　インテリジェンス・サイクルとは何か?

第3章

第3部 情報化時代を乗り切る新たなインテリジェンス創造モデル

第7章 新モデルに求められる条件

第8章

第9章

第10章 センス・メイキング・モデル
——カスタマーと情報サイドをブリーファーがつなぐ　119

プロローグ　利益をいかに実現するか

◆ミドリザルの「インテリジェンス」？

1977年3月、米国ロチェスター大学フィールド・リサーチ・センターの3人の動物学者が、キリマンジャロの裾野に広がるケニア・アンボセリ国立公園に到着。以後、彼らは14か月にわたるフィールド・リサーチを開始する。[1]彼らのターゲットはミドリザルである。サバンナモンキーの一種で、アフリカのサハラ砂漠以南のサバンナに生息している。

このミドリザル、実はなかなか語彙が豊富で、捕食者が現れたときに「ヒョウがいるぞ！」、「ワシがいるぞ！」、「ヘビがいるぞ！」などと声を使い分けて、仲間に警告を発することができるらしい。「らしい」というのは、そう主張する論文が1967年に発表されていたのだ。[2]そこで3人の動物学者は、それを実験で検証することにした。彼らは、まず公園内のサルが、捕食者（ヒョウ、ワシ、ヘビ）が現れたときに、どのような鳴き声を発するかを録音し、それを捕食者がいない状態でミドリザルの群れに聞かせて、その反応を観察した。

結果は、10年前に発表された論文の内容を見事に裏付けるものとなった。ヒョウを発見した際の鳴き声を聞いた群れは、大急ぎで木によじ登った。ワシを見つけた際の鳴き声を聞いた群れは、動きを止めて不安そうに空を見上げた。そして、ヘビに遭遇した際の鳴き声を聞くと、自分たちの足元を見回したのだ。

この例を「情報」の視点から考えてみよう。

「今、ヒョウがいる」というのは、目の前の現実である。その現実に1匹のミドリザルが気づき、声で仲間に伝達したのだ。そしてもう一つ、重要な現実がある。それは「ヒョウは平地で自分たちを襲う」、「ワシは空から自分たちを襲う」、そして「ヘビは足元から自分たちを襲う」という何度も繰り返された過去の現実だ。

このような現実を写し取った情報を「インフォメーション」という。この例では、眼前の現実と過去の現実を写し取った二つのインフォメーションが結び付くことで、木によじ登ったり、空を警戒したり、足元を見回したりして身を守る、というミドリザルの群れの判断・行動が可能になった。このように、インフォメーションから生産された「判断・行動するために必要な知識」のことを「インテリジェンス」という。

◆人間の「インテリジェンス」

次に、人間の話をしよう。

言うまでもなく、人間の言語によるコミュニケーションは、ミドリザルを含む他の生物とは比較にならないくらい柔軟だ。このような言語能力を人間が獲得できたのはいつか、そしてなぜかに関しては、数多くの研究がある。例えば、およそ10万年から5万年前という遥かな過去に、人間の遺伝子に突然変異が起きた結果だという説(3)、言語はさまざまなコミュニケーションの中から自然淘汰されつつ徐々に発展してきたという説(4)、などが挙げられる。

いずれにせよ、人間の言語能力が卓越していることは間違いない。そのような人間にとってのインフォメーションとインテリジェンスとはいかなるものか。ミドリザルとの比較で考えてみよう。

ここで、舞台をケニアから隣国のタンザニアに移す。ケニア南部からタンザニア北部にかけて暮らすマサイ族の男性が、1988年に出版した自叙伝(5)で紹介した実話を引きつつ、それを「情報」という観点から語り直してみよう。

場所はケニアとの国境にほど近いメシリ村。まだ少年であった著者は、その日、子牛の群れを水飲み場に連れて行った後、群れとともに帰宅の途にあった。少年が目を離した隙を突いて、1匹のメスのライオンが群れを襲ってきた。群れは大混乱に陥る。子牛を前足で押さえつけ、今まさに殺さんとしているライオンに、少年は槍一本で対峙する。少年の脳裏には、「ライオンに襲われて命を落としたマサイ族」という過去に何度も繰り返された姿（現実を写し取ったインフォメーション）

が浮かぶ。しかし少年には、マサイ族の大人たちから教わった、もう一つのインフォメーションがあった。ライオンの心臓と肝臓がどこにあるか、そして槍を心臓に打ち込めば一撃でライオンを仕留められるが、肝臓に打ち込むとライオンはゆっくりと死ぬ、というものだ。

少年は、ライオンと、殺されかかっている子牛を観察した。心臓に槍を打ち込みたいが、この位置関係では子牛にも当たってしまう可能性が高い（これは眼前の現実を写し取ったインフォメーションである）。少年は、すべてのインフォメーションを瞬時に分析して、一つのインテリジェンスを作り出した。すなわち、「心臓ではなく肝臓に槍を打ち込めば、子牛の安全を確保しつつ、ライオンを、少なくとも弱らせることができる」と。

しかし、そうなると、死の間際のライオンの反撃で、もはや槍のない丸腰の自分が犠牲になるかもしれない。それでも、マサイ族にとって家畜はきわめて重要だ（これも、繰り返し獲得してきたインフォメーションだ）。そして、牛飼いの少年は、判断し、行動した。

槍は子牛からわずかに逸れつつ、ライオンの肝臓に命中。少年は、身近の木に素早く登り、予想されたライオンの反撃を首尾よくかわし、子牛とともに無事に村へ帰ることができた。彼の勇敢な行動が、村で高く賞賛されたのは言うまでもない。

ミドルザルと人間。両者を比べれば、人間のインフォメーションは遥かに豊かであり、それに基づいて作り出されたインテリジェンスは遥かに洗練され、より複雑な判断・行動を可能にする。しかし「判断・行動するために必要な知識」という点では、実は何の変わりもない。

◆生々しいまでの「利益を実現するための知識」

ここで、インテリジェンスの本質を明らかにするために、もう一歩踏み込んでみよう。ミドリザルは、そしてマサイ族の牛飼いの少年は、いったい何のために判断し、行動したのだろうか。

答えは「利益」である。ミドリザルは、ヒョウやワシ、そしてヘビの襲撃から免れて生き延びることが、自分たちにとって利益であるからこそ判断・行動した。マサイ族の少年にとって、子牛を守ることが自分たちにとって利益であるからこそ判断・行動した。つまり、「判断・行動するために必要な知識」であるインテリジェンスの本質は「利益を実現する知識」なのである。

これは、本書の大前提である。つまり、本書はひたすら「利益を実現する知識」のみを対象とし、利益の実現に関係のない知識は扱わない。ただし、本書でいう利益とは、経済的利益だけでなく、勝利、生存、安全、敬意の獲得、満足、満腹（！）など、その主体が求めるものによって多種多様であることには注意されたい。

この「利益を実現する知識」という本質によって、インテリジェンスは他の知識と一線を画する。「私は真実を知りたい！」という欲求それ自体は、インテリジェンスを求める動機ではない。真実を知ることによって「〇〇という利益を得たい」という欲求があって初めてインテリジェンスの創造へとつながる。インテリジェンスの本質は、あくまで「利益」、それも生々しいまでの「利益」なのである。

この点は、ともすれば忘れられがちである。国家や企業、そして個人など、あらゆるレベルで「インテリジェンス」の名の下に、利益につながりようのない知識が生産されたり入手されたりして、むしろインテリジェンスの生産や入手を阻害し、ひいては利益の実現を妨げている。そして、このような傾向は、インフォメーションが爆発的に増加しつつある現代において、ますます強くなっている。

インテリジェンスを考えるうえで、利益こそが一番の基本となる。この点は、本書で繰り返し強調され、そして、本書の結論と大きく関わることになるだろう。

◆歴史的産物としてのインテリジェンス

さて、筆者が『インテリジェンス入門――利益を実現する知識の創造』初版を上梓した２００３年から、およそ20年が経った。この20年間、情報をめぐる環境変化のいかに激しく大きかったことか。そして、この情報環境の変化は、インテリジェンスの創造にも影響を与えずにはいない。この変化と影響を明らかにし、あるべき次代の姿を検討することこそ、本書執筆の第一の動機と言ってよい。

その変化の最たるものは、インフォメーションのデジタル化（0と1への置き換え）の急速な進行と、それに伴うインフォメーションの爆発的な増加である。詳細は後述するが、このような変化に人類が直面し、新たな時代の到来を感じるようになったのが１９７０年代だ。

本書では、この１９７０年代に幕を開けて現代につながる時代を「情報化時代」と呼ぶ。一方、

1760年代に英国の産業革命とともに幕を開けた時代を「産業化時代」と呼び、「情報化時代」と対比させつつ情報に関する考察を進めることとする。

なぜ、このような歴史的考察が必要になるのか。それは、「産業化時代」から「情報化時代」へと移り変わるなかで、インテリジェンスの観点からは「変質したもの」と「変質しなかったもの」があるからだ。この両者をしっかりと区別することこそが、インテリジェンスの理解につながるのである。

◆本書の構成

「変質しなかったもの」とは「『判断・行動するために必要な知識』だから『利益を実現する知識』である」というインテリジェンスの本質である。この「インテリジェンスの本質」を確認し、インテリジェンスを生産するプロセスをモデル化した伝統的なインテリジェンス・サイクルを紹介することが、第1部のテーマである。

次に、「変質したもの」とは、「産業化時代」に最適に機能した伝統的なインテリジェンス・サイクルであり、それは「情報化時代」になって機能不全を起こしている。その理由と実態を詳しく検討するのが、第2部のテーマである。

そして第3部では、「情報化時代」を乗り切るための新しいインテリジェンス生産のプロセスが、モデルと事例を通して示されるだろう。

本書で紹介するモデルや事例が、「利益」そして「情報」に対する読者のマインドセットの革新や、組織体制の見直しに役立ってくれれば幸いである。

２０２４年７月

筆者

【注】

（1）Seyfarth, Robert M., Cheney, Dorothy L. & Marler, Peter (1980) "Vervet monkey alarm calls: Semantic communication in a free-ranging primate", *Animal Behaviour*, Volume 28, Issue 4, pp.1070–1094.

（2）Struhsaker, T. T. (1967) "Auditory communication among vervet monkeys", *Social Communication Among Primates*, Chicago, University of Chicago Press, pp.281–324.

（3）Corballis, Michael C. (2003) "From hand to mouth: the gestural origins of language", *Language Evolution*, London, Oxford University Press, No.2899.

（4）Pinker, Steven (2003) "Language as an adaptation to the cognitive niche", *Language Evolution*, London, Oxford University Press, No.326.

（5）Tepilit Ole Saitoti (1988) *The Worlds of a Maasai Warrior, an Autobiography*, University of California Press（Kindle版は（2014））.

第1部

インテリジェンス・サイクルの誕生

知性、理解力、情報、諜報……インテリジェンスは多様な意味を持つ。近年注目される生成AI（Artificial Intelligence）のインテリジェンスとは、「知能」だ。しかし、本書で扱うのは〈知識〉としてのインテリジェンスであり、それは「判断・行動するために必要な〈知識〉」である。そして、この「判断・行動」の背後には「利益」があるので、インテリジェンスとは「利益を実現する〈知識〉」である。第1部では、まずこのインテリジェンスの本質を理解しよう。

次に、インフォメーションからインテリジェンスを作り出すプロセスをモデル化した伝統的インテリジェンス・サイクルを学ぶ。また、それが生まれた理由と目的を、時代背景とともに理解する。「利益を実現する〈知識〉」というインテリジェンスの本質は現在でも変わっていないが、伝統的インテリジェンス・サイクルというモデルは「情報化時代」に移行した今日、機能不全を起こしている。このことを確認する第2部、そして新たなモデルを検討する第3部のために、前提となる知識をこの第1部で学ぼう。

第1章

インテリジェンスとは何か？

「知識」としてのインテリジェンスとは何か？　それは「判断・行動するために必要な〈知識〉」である。また、その「判断・行動」は「利益を実現する」ためのものである。それゆえ、インテリジェンスとは「利益を実現する〈知識〉」である。

本章では、このインテリジェンスの本質について、実例を通じて理解しよう。

◆インテリジェンスとは「知識」である

プロローグで述べたように、本書では「インテリジェンス」を「利益の実現に向かって判断・行動するために必要な〈知識〉」と定義する。[1] このように書くと、多くの人々は少し違和感を覚えるかもしれない。一般に「あの人はインテリジェンスが高い」というとき、インテリジェンスとは「知性」や「知能」の意味に近いだろう。[2]

もっと専門的な立場、例えば国家の情報組織や企業の情報部門の人々にとっては、情報を収集したり分析したりする〈活動〉や、情報を意思決定者に提供する〈組織〉(国家の情報組織や企業の情報部門など)を指して使われることもある。[3]

これらに対し、本書での「インテリジェンス」は、あくまで〈知識〉それ自体を指している。しかも、「利益を実現する」という明確な目的をもち、そのための判断・行動に役立つものでなければならない。この条件を満たすものだけが「インテリジェンス」と呼ぶに値する。もちろん、本書ではインテリジェンスにかかわる〈活動〉や〈組織〉についても説明するが、そのときには言葉をしっかり区別して使うことにしよう。

◆インフォメーションは「材料」である

次に、インテリジェンスを作り出すための材料を「インフォメーション」と呼ぶ。インフォメーションは現実をさまざまな形(文章、音声、画像など)で写し取ったものである。[4] 例えば、今あなたがエストニア旅行を計画しているとしよう。ガイドブックの記述、最近エストニアから帰国した友人の話、そしてテレビの特集番組が紹介するエストニアの美しい景色……。それらは、まさにエストニアという国の現実を、それぞれ文章、音声、そして画像で写し取ったものだからインフォメーションだ。それらを収集し、分析すると、それらが「材料」となって、あなたが一番楽しめそうな日程が見えてくる。これがインテリジェンスだ。それに基づいて、日程を決める。これは判断だ。そして、日程に沿って旅をする。これが行動だ。

なお、本書で単に「情報」と書いた場合には、インフォメーションとインテリジェンスの双方を指すこととする。

◆インテリジェンスは日常に溢れている

このような〈知識〉としてのインテリジェンスは、旅行に限らず、もっと日常的に私たちの生活を支えている。「利益を実現するために判断・行動する」という営みは、私たちが日々行っていることなのだから、そこには必ずインテリジェンスがあるはずだ。そして、インテリジェンスがあるならば、その前に私たちは必ずインフォメーションを収集し、分析しているはずなのだ。インテリジェンスの先駆的研究者であるシャーマン・ケントも、その有名な著書の序文で次のように書いている（〔　〕内は筆者補筆）。

「〔インテリジェンスに基づいて判断・行動するというのは〕我々が日常的に行っていることだ。主婦が〔広告などで得たインフォメーションから〕『今買っておくと得になる』と判断して買いだめに走るのも、スケールは異なるが、同じことである[5]」。

これが国家安全保障の分野であれば、「国家が安全保障政策を立案・執行（つまり判断・行動）するために必要な知識」として利用されることになる。隣国の軍隊が自国との国境近くに結集しつつあるというインフォメーションがあれば、政府はさらに隣国に関するインフォメーションを収集する。それらを基に「隣国に侵攻の意思あり」というインテリジェンスが作られれば、それに基づいて判断・行動、つまり侵攻を阻止するための措置をとるだろう。

またビジネスの分野ならば、「企業が戦略を立案・執行（つまり判断・行動）するために必要な知識」として利用される。[6] 例えば、あるカフェチェーン企業では「店舗の数を増やしすぎてコーヒーの質が低下し、顧客離れが進んでいる」というインフォメーションから「プロ（バリスタ）が淹れるコーヒーと同じくらい美味しいコーヒーをドリップできる機械を、全ショップに配置すれば顧客を取り戻せる」というインテリジェンスを作り出し、そのための機械を開発して店舗に配置し（判断・行動）、顧客数の回復に成功したという。[7]

◆「利益の実現」こそがインテリジェンスの本質である

繰り返しになるが、本書の大前提なので、もう一度言おう。我々の判断・行動の背後には、常に「利益」がある。だからこそ、インテリジェンスの本質は「利益を実現する知識」であることなのだ。

本書の課題は、「産業化時代」から「情報化時代」へという変化のなかでインテリジェンスの新たなあり方を考えることだ。しかし、このインテリジェンスの本質だけは、まったく変質していない。何万年もの昔から、インテリジェンスは常に「利益を実現する知識」であり、それに基づく判断・行動によって利益を実現したり、損失を食い止めたりしてきたのである。

では、どうやって？　次章では、インテリジェンスを生み出すプロセスについて学ぶことにしよう。

【注】

（1）北岡元（２００９ａ）『インテリジェンス入門――利益を実現する知識の創造［第２版］』慶應義塾大学出版会、3–14頁。

（2）実は、「知能」という意味と「判断・行動するために必要な知識」という意味は、一見異なるように思われるが、インテリジェンスの歴史を20世紀の初頭にまでさかのぼると接点が見えてくる。関心のある方は、以下の論文を参照されたい。Warner, Michael (2013) "The past and future of the Intelligence Cycle", *Understanding the Intelligence Cycle*, London, Routledge, pp.9–20.

（3）Kent, Sherman (1949) *Strategic Intelligence for American World Policy*, U.S.A., Princeton University Press. これはインテリジェンス研究の古典であるが、同書では第１部で知識（knowledge）としての、第２部で組織（organization）としての、そして第３部で活動（activity）としてのインテリジェンスを考察している。

（4）北岡（２００９ａ）3–14頁。

（５） Kent (1949) p.vii.

（６） 北岡（２００９ａ）３-14頁。

（７） Birkinshaw, Julian & Ridderstråle, Jonas (2017) *Fast/Forward, Make Your Company Fit for the Future*, Stanford, Stanford University Press, pp.126–128.

第2章 インテリジェンス・サイクルとは何か？

インテリジェンスは、どのように生み出されるのか？　本章では、インテリジェンスを生産する過程を示す最も基本的なモデルである「インテリジェンス・サイクル」の仕組みとその基本的な用語について学ぼう。

1　インテリジェンス・サイクルを学ぶ前に

インテリジェンス・サイクルとは、インテリジェンスが生産されるプロセスをモデル化したもので、その起源は「産業化時代」の20世紀初頭に遡る。その具体例を紹介する前に、インテリジェンスの世界で重要になる3つの用語を紹介しておこう(1)。

◆カスタマー

まず、インテリジェンスが「判断・行動するために必要な知識」である以上、インテリジェンスを要求し、それを提供されて判断・行動する者がいる。それを「カスタマー（顧客）」という。

例えば政府で、政策を立案・執行（つまり判断・行動）するためにインテリジェンスを必要とし、利用している者はカスタマーである。

また企業で、戦略を立案・執行（つまり判断・行動）するためにインテリジェンスを必要とし、利用している者もカスタマーである。

そして、個人で自らの判断・行動のためにインテリジェンスを必要とし、利用している者も、同様にカスタマーなのだ。

◆リクワイアメント

次に、カスタマーの「このようなインテリジェンスが欲しい」という要求のことを「リクワイアメント（要求）」という。前章の例で言えば、「隣国に侵攻の意思があるかを知りたい」とか「顧客を取り戻す方法を知りたい」などというのは、すべて「リクワイアメント」である。

◆情報サイド

そして、カスタマーのリクワイアメントに応えて、インフォメーションを収集・分析してインテリジェンスを生産し、カスタマーに配布する者がいる。本書では、それを「情報サイド」と呼ぶことにする。政府の情報組織や企業の情報部門などがそれにあたる。

そして、私たち個人でも、自らの利益を自覚して判断・行動の必要性を感じれば「カスタマー」となり、自身に要求（リクワイアメント）してインフォメーションを収集・分析して判断・行動につながるインテリジェンスを生み出せば「情報サイド」の役割を果たしたことになる。いわば、個人がカスタマーと情報サイドの「一人二役」を演じたと言えるだろう。

それでは、次にインテリジェンス・サイクルの基本モデルを紹介していこう。

2　伝統的なインテリジェンス・サイクルのモデル

伝統的なインテリジェンス・サイクルのモデルには、いろいろなバリエーションがあるが、代表的なものを2つ紹介しよう。なお、各モデルには、分かりやすくするために筆者が意訳したり解説を補足したりしている。

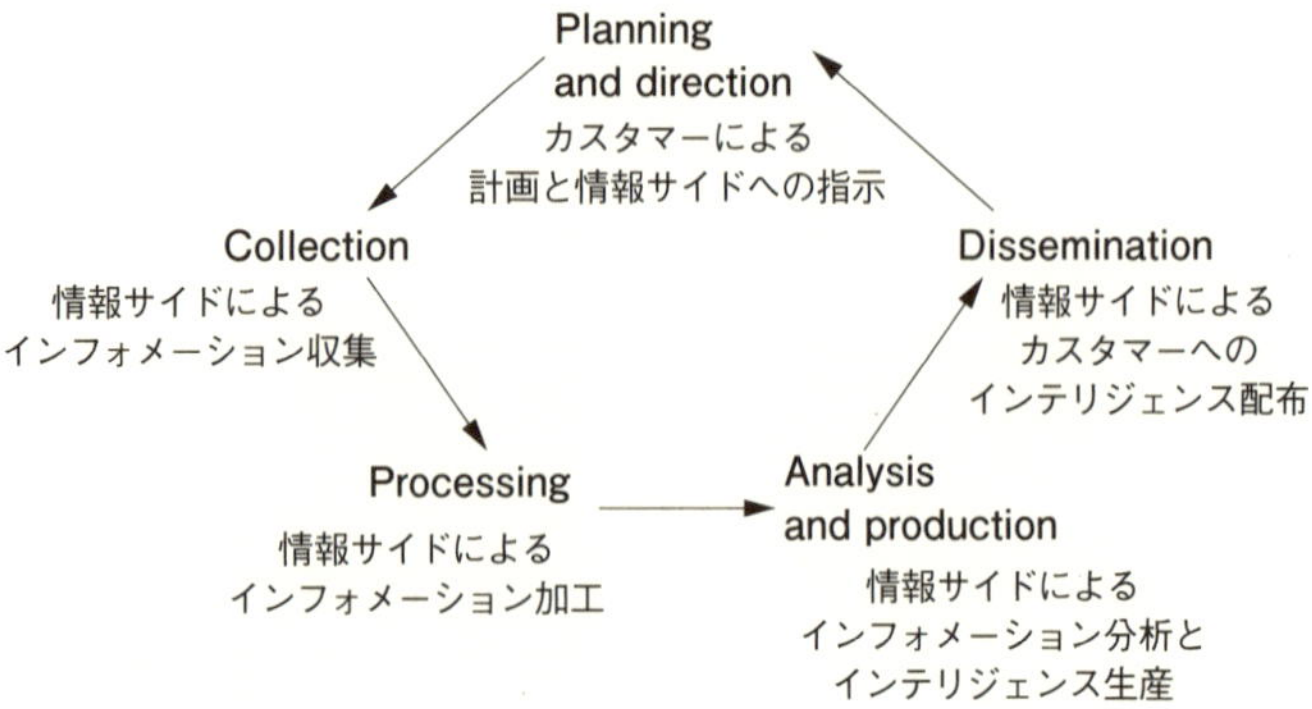

図2.1　伝統的なインテリジェンス・サイクル

出所：Johnstone (2005) p.46より筆者訳。

◆CIAモデル

図2・1は、米国CIAのインテリジェンス研究センター（Center of Intelligence Studies）の出版物から転載したサイクル・モデルである。[2] カスタマーから情報サイドへ指示が送られ、それを受けて情報サイドがインフォメーションを収集・加工、さらに分析してインテリジェンスを生産し、そのインテリジェンスがカスタマーへ配布され、その結果、新たな指示が情報サイドに送られる……この一連の流れが、サイクル（円循環運動）として表現されていることが見て取れる。

◆ヘリング・モデル

そして図2・2は、今日のビジネス・インテリジェンスの世界で使用されているサイクル・モデル（ヘリング・モデル）である。[3] 元CIA職員だったジャン・ヘリングが、1996年に民間企業モトローラに移植したものだから、本質はCIAのサイクル・モデルと変わりない。

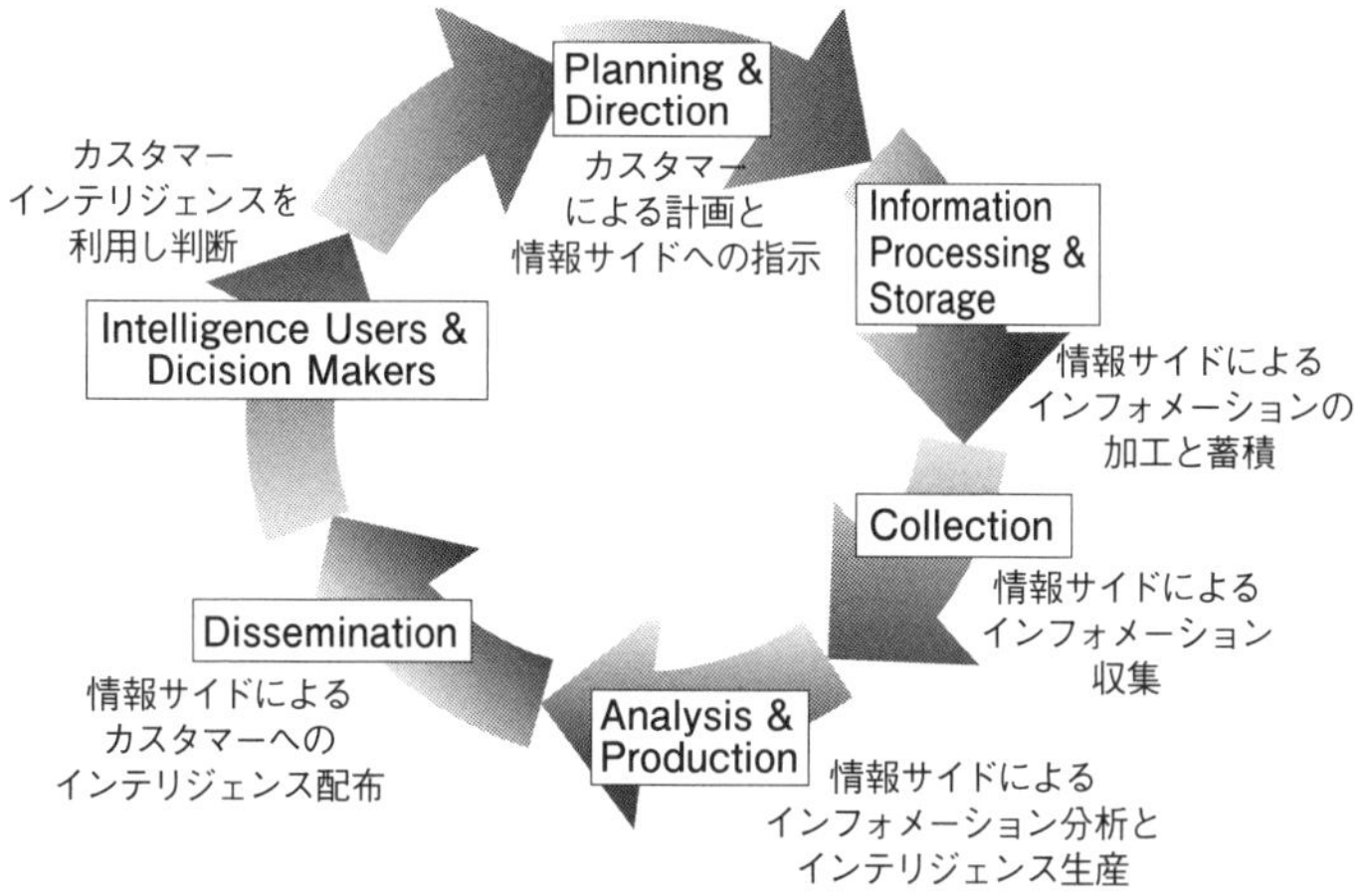

図2.2　ヘリングのインテリジェンス・サイクル
出所：Prescott & Miller (2001) p.243より筆者訳。

◆インテリジェンス・サイクルの4ステップ

これらの伝統的モデルのエッセンスを分かりやすい形でまとめると、図2・3のようになる。このモデルは、4つのステップから構成されているので、ステップごとに説明しよう。

ステップ1　カスタマーによるリクワイアメントの伝達

カスタマーが、判断・行動のために必要な知識、つまりインテリジェンスを情報サイドに要求するのが、このステップだ。個人のレベルでは、カスタマーと情報サイドが一体化しているので「一人二役」が行われることになる。

ステップ2　情報サイドによるインフォメーションの収集

このステップでは、カスタマーの要求に沿った

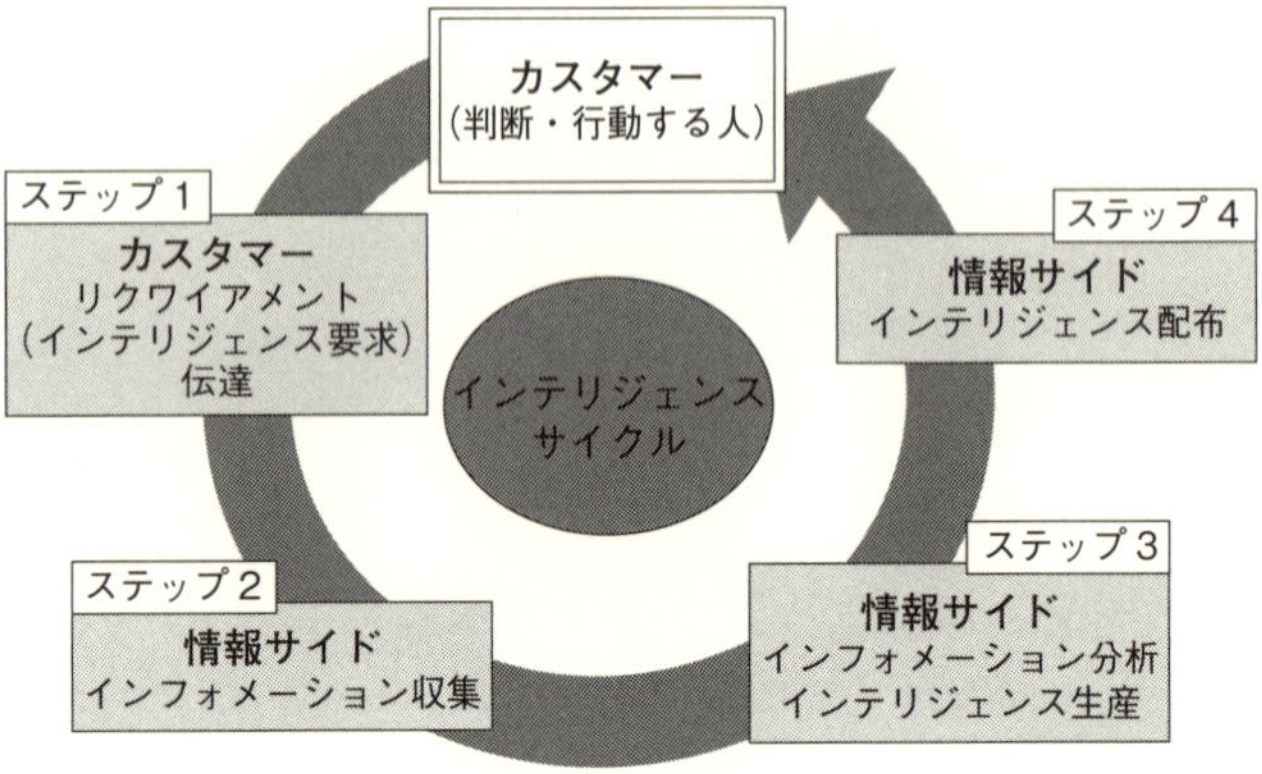

図2.3　インテリジェンス・サイクルの基本要素
出所：筆者作成。

インテリジェンスを生み出すために、情報サイドが必要なインフォメーションを収集する。

ステップ3　情報サイドによるインフォメーションの分析とインテリジェンスの生産

このステップでは、ステップ2で収集されたインフォメーションを分析して、インテリジェンスを生産する。分析にはさまざまな方法がある。収集した種々のインフォメーションの中からインテリジェンスそのものが見つかることもあれば、複数のインフォメーションに評価を加えて突き合わせ、インテリジェンスが生産されることもある。

なお、収集と分析が同じ人物や部門・組織などで行われることもある。

ステップ4　情報サイドからカスタマーへのインテリジェンス配布

生産されたインテリジェンスが、カスタマーへ配布される。ただし、通常、サイクルは一回転では終わらない。

その第一の理由は、インテリジェンスの配布によってカスタマーの関心が変化するためだ。ある事実を知ることによって、より深く知りたくなったり、新たな疑問が湧いたりするというのは、政府、企業、そして個人のあらゆるレベルで、当然のように起こることである。

そして第二の理由は、サイクルが回転している間に現実が変化してしまうことだ。この場合、カスタマーは情報サイドに新たなリクワイアメントを伝達し、サイクルの回転が継続することになる。

3　インテリジェンス・サイクルの特徴

次に、インテリジェンス・サイクルの特徴を確認する。これらの特徴は、いずれも「産業化時代」に必要とされ、また上手く機能してきたのだが、今日の「情報化時代」にはかえって弊害を引き起こしている。この点は、第2部と第3部で詳しく述べることとして、ここではその特徴と目的を確認しておこう。

◆判断・行動の前に知識あり

第一の特徴は、カスタマーのリクワイアメントを満たすインテリジェンスが生産され、それがカスタマーに配布されることにより、初めて判断・行動が起こるということだ。つまり、知識は判断・行動に先行するのだ。

これは当然のことと思われるかもしれない。しかし、それは「産業化時代」までの話であり、今日の「情報化時代」には変化しつつある。肝心のカスタマーは過剰なインフォメーションにおぼれて自らの利益を自覚できず、「自分は何を知ればよいのか分からない」という状況に陥り、情報サイドにリクワイアメントを伝達できなくなるからだ。

結果としてインテリジェンスが生産されず、カスタマーがいつまで経っても判断・行動を起こせない。そうこうしているうちに手遅れとなって、カスタマーの利益が大きく損なわれてしまう。こうした事態が「情報化時代」ではますます頻繁に起こるようになるだろう。

◆カスタマーと情報サイドの「上下関係」と「分業」

第二の特徴は、「産業化時代」に最適に機能したビューロクラシーのエッセンスである「上下関係」と「分業」が埋め込まれていることだ（詳細は第2部参照）。

ビューロクラシーにおいては、権限（それを分配された人物が、行使できる力）を垂直方向へ分配することで、「上が下に命令し、下がそれに従う」という形で「上下関係」が実現する。

さらに権限を水平方向へ分配することで、「分配された人間が自分の担当に専念する」という形で「分業」が実現する。

これを、インテリジェンス・サイクルに当てはめて考えてみよう。

まず、カスタマーが情報サイドにリクワイアメントを伝達し（下達し）、情報サイドがインテリジェンスを生産してカスタマーに配布する（上納する）、というのは、あたかも「カスタマーが命令し、情報サイドがそれに従う」という印象を受けるだろう。要するに、両者間に「上下関係」があることになる。

実際には、情報サイドのインテリジェンスによってカスタマーが意識の根本的な変化（「そうだったのか！」）を強いられることもあるので、両者の関係は単純な上下関係で割り切れるものではなく、むしろ「命令・影響の関係」[4]とでも呼ぶべきもっと対等の関係であるべきだ。しかし、インテリジェンスの世界では、いまだに両者の間に上下関係が存在することが多い。

さらにインテリジェンス・サイクルには、カスタマーと情報サイドの間で、ステップ1（カスタマーによるリクワイアメント伝達）とステップ4（情報サイドによるインテリジェンス配布）の2か所でのみコミュニケーションが起こるという形で「分業」体制が敷かれている。

なぜ、インテリジェンス・サイクルには、こうした「上下関係」と「分業」が組み込まれているのだろうか。

それは、伝統的なインテリジェンス・サイクルが生まれた「産業化時代」には、「上下関係」と「分業」を基礎とするビューロクラシーが必要とされ、また最適に機能した時代だったからだ。そして、官民の組織を構成する人々のマインドセットが「情報化時代」に合わせて切り替わることなく、いまだに「産業化時代」のビューロクラシー的なものに囚われているのだ。

なお、こうしたビューロクラシーに起源をもつ理由とは別に、両者を「分業」で区別することについて、「インテリジェンスの政治化」[5]を防ぐために必要だという伝統的で根強い議論もある。つまり、両者の区別が曖昧になると、情報サイドが上位に位置するカスタマーの気に入りそうなインテリジェンスを生産し、それに基づいて判断・行動が起こる結果、最も重要なカスタマーの利益が損なわれてしまう可能性が生じる、というのである。

しかし「情報化時代」になって、ビューロクラシーの基礎たる「上下関係」と「分業」が埋め込まれたインテリジェンス・サイクルは、至るところで機能不全を起こしている。

◆情報サイド内の「分業」

そして第三の特徴は、既述のカスタマーと情報サイドの「分業」に加えて、情報サイド内にも「分業」が存在することだ。図2・3では、ステップ2「インフォメーションの収集」とステップ3「インフォメーションの分析／インテリジェンスの生産」を区別することで表されている。これは、作業の重複を避けて、効率化を図ることを目的としており、まさにビューロクラシーの特徴と言える。

しかし、この情報サイド内の「分業」も、「情報化時代」になって、至るところでサイクルの機能不全の原因となっている。

【注】

（1）詳細は、以下を参照されたい。北岡（2009a）『インテリジェンス入門——利益を実現する知識の創造［第2版］』慶應義塾大学出版会、47-49頁。

（2）Johnston, Rob (2005) *Analytic Culture in the U.S. Intelligence Community*, Center for the Study of Intelligence, CIA, Washington DC, p.46. (https://www.cia.gov/resources/csi/static/c0dc5a0bc01996e6df4cdebc861f8d6a/Analytic-Culture-Intelligence-Community.pdf)

（3）Prescott, John E. & Miller, Stephen H. (2001) *Proven Strategies in Competitive Intelligence*, New York: John Wiley & Sons, p.243. なおビジネスの世界にインテリジェンス・サイクルが持ち込まれた経緯につき関心のある方は、以下を参照してほしい。北岡元（2009b）『ビジネス・インテリジェンス—未来を予想するシナリオ分析の技法』東洋経済新報社、12-14頁。

（4）北岡（2009a）47-49頁。

（5）北岡（2009a）85頁。

第3章

インテリジェンス・サイクルはなぜ生まれたのか？

伝統的インテリジェンス・サイクルは、今や批判にさらされ、それに代わるモデルが模索されている。しかしそれは、つい最近まで、安全保障の分野でも、ビジネスの分野でも、最も重要なモデルであり続けた。レスター大学のマーク・フィシアン教授は、その著書の冒頭で次のように述べている。

「ごく最近までインテリジェンスの訓練コース、高等教育のためのコース、さらには教科書が、インテリジェンス・サイクルに触れることなく始まることはなかった。それは政治学の研究が、国家の性質や役割を考えることなく行われることがなかったことに類似している(1)」。

インテリジェンス・サイクルは、なぜこれほど重視されてきたのだろうか。その答えは、インテリジェンス・サイクルの起源に隠されている。そこで本章では、インテリジェンス・サイクルがいつ、なぜ、いかなる特質を背負って生まれたのか、その来歴を辿ることにしよう。

1　インテリジェンス・サイクルの起源

◆フォート・レブンワースのサイクル・モデル

とは言ったものの、実はインテリジェンス・サイクルというモデルが専門家の間であまりに当然の如く受け入れられている一方、その起源については不明な点が多い。ただし、軍においてインテリジェンスを生産するためのモデルとして考案されたということは、ほぼ確実のようだ(2)。

インテリジェンス・サイクルの起源を最も深く追究したのは、おそらく米国のマーシーハースト・カレッジのインテリジェンス研究所（Institute of Intelligence Studies）に所属するクリスタン・ウィートンだろう。彼は「Google's Ngrams Viewer」(3)を利用し、インテリジェンス・サイクルがいつから使用されるようになったかを探った(4)。

その結果、彼が行き着いたのが『*Intelligence is for Commanders*（インテリジェンスは司令官のためにある）(5)』であった。これは１９４８年、当時フォート・レブンワース（米国カンザス州にある米国

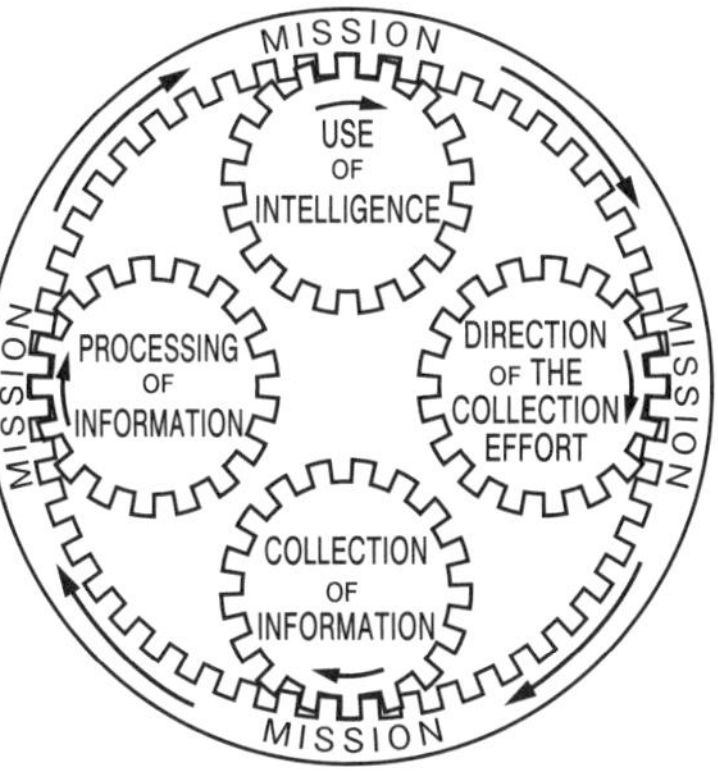

図3.1　グラスとデヴィッドソンによるインテリジェンス・サイクル（イメージ図）
出所：Glass & Davidson（1948）p.5.

の陸軍施設）の司令・幕僚カレッジで教鞭をとっていた二人の中佐、ロバート・R・グラスとフィリップ・B・デヴィッドソンによって書かれた。序章に「この本はテキストとして書かれた」[6]とあるので、カレッジでインテリジェンス・オフィサーを養成するための教材として使用されていたのだろう。

同書で注目すべきなのは、サイクルのイメージ図が掲載されている点だ[7]（図3・1）。

彼らのインテリジェンス・サイクルは、右から時計回りに4つのステップで構成されている。

まず、「インフォメーション収集活動の指示」とある。これは、第2章で紹介した伝統的インテリジェンス・サイクルのステップ1（カスタマーによるリクワイアメント伝達）に近い。

続く「インフォメーションの収集」が、同じくステップ2（情報サイドによるインフォメーション収集）に当たる。

そして「インフォメーションの加工」は、ステップ3（情報サイドによるインフォメーション分析とインテリジェンス生産）に近い。

最後の「インテリジェンスの利用」が、ステップ4（情報サイドからカスタマーへのインテリジェンス配布）の後に来ることになるので、インテリジェンス・サイクルのエッセンスはほぼ網羅していると言える。

このモデルは、同書の第1章「インテリジェンスの原理」に現れる。第1章は「この章が、本書の中で最も重要である」という一文で始まっており、その後にインテリジェンスの定義が示され、インテリジェンス・サイクルのイメージ図と4つのステップが解説される。そして、次のような説明が続く。

「このサイクル、つまり利用、指示、収集、加工、再び利用こそが、戦術インテリジェンスの全ての構造の基礎をなす。この関係（サイクル）が、インテリジェンスの基礎となる原理を構成しているのだ」。

ここで興味深いのは、「二人の著者がインテリジェンス・サイクルを考案し、それをお披露目した」という記述が見当たらないことだ。むしろ、インテリジェンス・サイクルは既に軍の情報部で重要な概念として確立しており、二人の著者は、それを軍の情報将校のタマゴに教えている、という印象を受けるのだ。

実際、本書の「著者の序言」で、二人の著者は連名で「司令・幕僚カレッジ、特にそのインテリジェンス・スクールの他の教官に謝意を表さねばならない。彼らの考えと建設的な批判が、この本の決定的に重要かつ本質的な部分を構成する」と述べている。

ウィートンも、二人の著者のインテリジェンス・サイクルに関する説明ぶりから「サイクルは彼らのオリジナルではなく、おそらく彼らの著作に先立つ別のソースから引用しただけであろう」と推測している。

要するにインテリジェンス・サイクルは、この著作が出版された1948年に先立って存在しており、少なくとも第二次世界大戦時（1939～1945年）には確実に生まれていたと言えるだろう。

では、第一次世界大戦（1914～1918年）の頃にはあっただろうか。残念ながら、イメージを伴った形でインテリジェンス・サイクルを記述したものは、グラスとデヴィッドソンの著書以前に見つけることができなかった。

◆ウォー・カレッジのインテリジェンス部マニュアル

ただし、インテリジェンス・サイクルという表現こそ用いられていないが、その原型なら第一次世界大戦時まで遡ることができる。それが、1917年5月3日に改訂された、米国ウォー・カレッジの中に設立された軍インテリジェンス部のマニュアルだ。

米国は、この1917年4月にドイツに宣戦を布告している。これに伴って、インテリジェンス体制の早急な整備を強いられた米国は、ウォー・カレッジの学長であったジョゼフ・クーン准将に「ウォー・カレッジの中に独立した軍インテリジェンス組織を創設するように」と命令する。クーン准将は、早速カレッジ内に軍インテリジェンス部を創設するとともに、所掌事項を記載したマニュアルを改訂したのである。(8)

具体的な所掌事項として7項目が掲げられているが、インテリジェンス・サイクルとの関連では、次の2項目が特に重要である。

・軍事関係のインフォメーションの収集、照合、配布。
・参謀本部が発表する政策に関する照会（questions）に対し、軍のインテリジェンスの全てを関連づけて検討すること。

この「軍事関係のインフォメーションの収集、照合、配布」は、先述のインテリジェンス・サイクルのステップ2（情報サイドによるインフォメーション収集）、ステップ3（情報サイドによるインフォメーション分析とインテリジェンス生産）、そしてステップ4（情報サイドによる、カスタマーへのインテリジェンス配布）にそれぞれ近似している。つまり、情報サイドによる「分業」が、この原型にすでに現れていると言える。

また、「参謀本部が発表する政策に関する照会に対し、軍のインテリジェンスの全てを関連づけて検討すること」の「照会」は、ステップ1（カスタマーによるリクワイアメント伝達）によく似ている。

さらに言えば、明示はされていないものの、「照会に対し」て「検討する」という形で、カスタマーたる参謀本部と情報サイドの間の「上下関係」を、この原型から読み取ることができる。

2　産業化時代、総力戦、そしてインテリジェンス・サイクル

ここで思い出そう。伝統的なインテリジェンス・サイクルには、マックス・ウェーバーが明らかにした「上下関係」と「分業」というビューロクラシーの特徴が埋め込まれていた[9]。そのようなインテリジェンス・サイクルの原型が、第一次世界大戦というタイミングで現れ、第二次世界大戦時には、ほぼ今日と同じ形態で機能していたことになる。これは、二度の世界大戦における情報活動が、すでにインテリジェンス・サイクル（もしくはその原型）に基礎づけられていたことを意味する。

二度の世界大戦とインテリジェンス・サイクルの緊密な関係。これは偶然ではない。両者を結び付けるものが、「産業化時代」を特徴づける大量生産だ。この点は第2部・第3部を理解するうえでとても重要なので、少し長くなるが、その歴史を振り返っておこう。

◆産業革命と大規模工場の登場

「産業化時代」は、1760年代に英国の産業革命により幕を開け、それまでの家内手工業を大規模な工場での大量生産へと切り替えていった。そして、このモノの大量生産を安定的に管理・運営するために、近代的ビューロクラシーが必要になるのである。

例えば、それに先立つ家内手工業では、すべての工員がお互いを見知っており、お互いが何をしているかも理解している。そのような状況下では、マネジメントも厳格な規則ではなく人間関係を重視したインフォーマルな形で行うことが可能だし、そのほうが上手くいく(10)。

しかし、大規模な工場でそれは通用しない。多様な役割を担う大勢の人々を、一つの目的に向かって安定的・継続的に働かせるには、属人的な要素を排除し、ひたすら権限を垂直方向へ分配し、「上下関係」に基づく組織の秩序を確立しなければならないからだ。同時に、権限を水平方向にも分配して「分業」を確立し、互いに仕事が重複せず、かつ取りこぼしなく行われるようにする必要もある。そして、これらはすべて、明確な規則に従って行われなければならない。

こうして、「産業化時代」に登場した大規模な工場でモノの大量生産を実現するために、近代ビューロクラシーが「発明」されたのである。

◆大量生産・大量消費と植民地獲得競争

さて、産業化によるモノの大量生産は人々の暮らしを豊かにしたが、反面で深刻な問題を引き起こした。それが戦争である。しかし、なぜ、モノの豊かさが戦争をもたらすのか。

英国で始まった産業革命は、19世紀半ばには大陸欧州諸国や米国に波及していった。資本家たちは企業に投資し、企業は次々に工場を建て、大量にモノを生産し、販売し、人々はモノを大量に消費した。利益を得た資本家や企業はますます投資し、生産し、人々はますます消費した。

しかし、やがてモノは過剰になって販売先を失い、資本もまた過剰になって投資先を失っていく。モノと資本のはけ口を求めて先進資本主義諸国の対外進出が起こり、植民地獲得競争の過程で諸国家間の対立が激化していった。

こうして、「産業化時代」の到来によるモノの大量生産が国家間の対立を引き起こし、やがて戦争へとつながっていくのである[11]。

◆総力戦の登場

ここで重要なのは、そのようにして引き起こされた戦争が、それまでとは異なる形態に発展していったことだ。この新しい戦争の形を「総力戦」という。

「総力戦」とは、ドイツの軍人、ルーデンドルフが自著『国家総力戦』でタイトルに使った概念だ[12]。

それに先立つ伝統的な戦争は、政府と軍隊のみによる戦争であり、これを「宮廷戦争」という。対する「総力戦」では、政府、軍隊と国民が一体になって戦う。ルーデンドルフは、「総力戦」では、一般国民の徴兵による兵力の大量動員に加えて、近代兵器の大量生産と大量使用を必然化する、と主張した。

「総力戦」は、第一次世界大戦（1914－1918年）と第二次世界大戦（1939－1945年）がその典型とされているが、それに先立って1789年のフランス革命をきっかけとした徴兵制の採用や、1861年の米国における南北戦争などにより、各国は徐々に「総力」を戦争に注ぎ込むようになり、また国家の「総力」を動員するための準備を進めていった。

◆総力戦と「情報の大量生産」

一方、情報の世界では、この「総力戦」のための「準備」は戦争計画の立案・執行に必要とされるインテリジェンスを「大量生産」するという形で現れた。

それは、なぜか。「総力戦」は、軍隊のみならず国民が動員される「国を挙げての戦争」である。相手国の兵隊の数を知りたければ、職業軍人だけでなく徴兵の前提となる人口の規模や構成を調べなければならない。兵器の質と量を知るには、戦車を生産する産業力・技術力や、銃・弾薬を購入するための国家の財政力まで調べる必要がある。まさに、著名なインテリジェンス研究家マイケル・ハーマンが述べたとおり、「列強は、通常の陸海軍のインテリジェンス分析の範囲を超えた、一国の産業力、人口統計学、士気などの要素の分析まで必要とするに至った[13]」のである。

つまり、産業革命で始まった「産業化時代」は大規模な工場によるモノの大量生産を可能にし、それが「総力戦」という新しい形の戦争を引き起こした。そして、「総力戦」を遂行するために、今度はインテリジェンスの大量生産が必要になったのだ。

◆インテリジェンス・サイクルの誕生

こうして、われわれはインテリジェンス・サイクルの起源に辿り着くことができた。インテリジェンス・サイクルの原型は、第一次世界大戦という「総力戦」によって登場した。そして、もう一つの「総力戦」である第二次世界大戦を「インテリジェンスの大量生産」によって支えるために、今日われわれが知るインテリジェンス・サイクルが誕生したのであった。

そして、「上下関係」と「分業」という特徴を備え、モノの大量生産を可能にする「ビューロクラシー」はまた、「インテリジェンスの大量生産」にも有効かつ不可欠な仕組みであった。

再びハーマンの言葉を借りれば、「近代のインテリジェンスの生産の大半は『大量生産』」であり、「この工場のような生産様式は、時と共に拡大し」、「このような変化のゆえに、有効性と効率性を実現できるマネジメントが必要」とされたのである。[14]

「総力戦」が「産業化時代」の申し子であるように、インテリジェンス・サイクルもまた「産業化時代」の申し子である。そして、モノであれ情報であれ、安定的・継続的な「大量生産」を可能とするために、「上下関係」と「分業」によって特徴づけられたビューロクラシーがインテリジェンス・サイクルにも埋め込まれている。ハーマンの要求するマネジメントを実現したものこそ、ビューロクラシー、つまりインテリジェンス・サイクルなのである。

◆産業化時代から情報化時代へ

「大量生産」によって特徴づけられる「産業化時代」、ビューロクラシーは最適に機能した。T型フォードは、大規模な工場での徹底した「分業」により、生産が開始した1908年から終了する1927年までに1千500万台を販売するという成功を収めた。

情報の世界では、国家は「総力戦」に対応すべく、大量のインフォメーションを収集・分析し、大量のインテリジェンスを生産する必要に迫られた。インテリジェンス・サイクルは情報の世界でのビューロクラシーとして誕生し、時代の要請に応えた。

しかし、いずれも「産業化時代」の話である。

インテリジェンスの本質たる「利益を実現する知識」は、時代が「産業化時代」から「情報化時代」に移っても変質していない。では、インテリジェンス・サイクルはどうか。この問いに答えるのが、第2部の課題である。

【注】

（1）Phythian, Mark (2013) "Introduction: beyond the Intelligence Cycle?", *Understanding the Intelligence Cycle*, London,

Routledge, p.1.

（2）例えば、英国の情報組織のＯＢで著名なインテリジェンスの研究家であるマイケル・ハーマンは、「インテリジェンス・サイクルは、実のところ軍が創造したものだ」と述べている。

（3）Googleが２０１０年に公開したツール。特定の単語や成句がどの程度頻繁に書籍に出現しているかを過去5世紀にわたって追跡し、表示できる。

（4）Wheaton, Kristan J. (2011) "The 'traditional' Intelligence Cycle and its history (Let's kill the Intelligence Cycle)". (https://sourcesandmethods.blogspot.com/2011/05/part-4-traditional-intelligence-cycle.html)

（5）Glass, Robert R. & Davidson, Philip B. (1948) *Intelligence Is For Commanders*, Pennsylvania, Military Service Publishing Company.

（6）Glass & Davidson (1948) p.x.

（7）以下、Glass & Davidson (1948) p.5.

（8）Bidwell, Bruce W. (1986) *History of the Military Intelligence Division, Department of the Army General Staff: 1775–1941*, U.S.A., University Publication of America, pp.112–113.

（9）ドイツの社会学者、マックス・ウェーバーは、古代エジプトや古代中国のビューロクラシーを「家産制ビューロクラシー」と呼び、それと区別された「近代ビューロクラシー」の特徴を、権限（それを分配された人間が、行使できる力）の垂直方向への分配による「上下関係」、そして水平方向への分配による「分業」、さらに明確な規則による職務遂行である、とした。マックス・ウェーバー（阿閉吉男、脇圭平訳）（１９８７）『官僚制』恒星社厚生閣を参照。

（10）Birkinshaw, Julian & Ridderstråle, Jonas (2017) *Fast/Forward, Make Your Company Fit for the Future*, Stanford, Stanford University Press, p.116.

（11）主に以下を参照。村上堅太郎、江上波夫、林健太郎（１９７２）『詳説世界史（再訂版）』山川出版社、

２７９頁。

（12）エーリヒ・ルーデンドルフ（伊藤智央訳・解説）（２０１５）『ルーデンドルフ　総力戦』原書房。

（13）Herman, Michael (1996) *Intelligence Power in Peace and War*, Cambridge, Cambridge Univercity Press, p.25.

（14）Herman (1996) p.283.

第2部

「情報化時代」における インテリジェンス・サイクルの機能不全

第1部では、インテリジェンスが生産されるプロセスをモデル化した「インテリジェンス・サイクル」を紹介した。インテリジェンス・サイクルは、知識・情報の大量生産システムであり、その意味で1760年代の英国の産業革命に起源を持つ「産業化時代」に適合したシステムであったと言える。

モノの大量生産を可能にしたのは、上下関係と分業に特徴づけられるビューロクラシーである。そしてインテリジェンスの分野でも大量生産を可能にしたのは、やはりビューロクラシーであった。

このビューロクラシーを特徴とするインテリジェンス・サイクルの原型は、第一次世界大戦当時に現れ、遅くとも第二次世界大戦当時には、明確にサイクルの形をとったモデルが存在した。これは、「産業化時代」を特徴づけるモノの大量生産を背景として引き起こされた二度の総力戦を戦うために、各国がインテリジェンスを大量に生産する必要性に迫られたからである。

そして、このインテリジェンス・サイクルは1970年代まで継続した「産業化時代」において「インテリジェンスを大量生産する手段」として最適に機能していた。

しかし、「産業化時代」の後に現れた「情報化時代」において、インテリジェンス・サイクルは機能不全に陥っている。それはなぜか、いったい何が起こっているのか。第2部では、この問いについて詳しく検討していこう。

第4章

「情報化時代」とは何か？

この第2部では、「産業化時代」の後に現れ、今日われわれが生きている「情報化時代」に、インテリジェンス・サイクルがどのような状況に陥っているかを考える。しかし、「情報化時代」とは何か？　本章では、この「情報化時代」の特徴と背景を確認しておこう。

1　インフォメーションの爆発的増加

◆インフォメーションの量を測る

「情報化時代」の最大の特徴は、インフォメーションのデジタル化（0と1への置き換え）の急速な進行に伴うインフォメーションの爆発的な増加である。

むろん、インフォメーションは人類の歴史の中で増加し続けてきた。プロローグで触れたように、およそ10万年から5万年前という遥かな過去に、人類は、ミドリザルなどの動物はもとより、ライバルであったネアンデルタール人などとも比較にならないほど豊富なインフォメーションを伝達したり、蓄積したりすることが可能になったのである。

その後も、人類は紙の発明や活版印刷の発明、写真機や蓄音機、さらに有線・無線などの発明により大量のインフォメーションの生産と伝達を可能にしてきた。

ではなぜ、今日の「情報化時代」におけるインフォメーションの増加が、それ以前の時代以上に重要なのだろうか。その理由は、インフォメーションが、それまでの人類の歴史で見られなかったほど爆発的に増加した点にある。

では、どれほど増えたのか。インフォメーションは、文章に限らず画像・音声など種々の形をとっているため、その量を数値化し、実際にどの程度インフォメーションが増えたのかを知ることは難しい。

余談になるが、古代エジプトの時代、アリストレテスの弟子のデメトリオスは、ファラオの命により、全世界にあるすべての書籍を収集する任務に当たった。ファラオより「何千冊の書籍が集まったか」と下問されたデメトリオスは「陛下、20万冊を超えました。しかし、ほどなく残りの書籍も念入りに探し出して、50万冊を達成するでしょう」と答えたという。(1)

しかし、現代のインフォメーションの量を測定するためには、当然ながら書籍の出版数を数えるだけでは十分でない。インフォメーションを蓄積する手段が、あまりに多様化しているためだ。

では、どうすればよいのか？

◆人類はどれだけの情報を持てるのか？

この問題を解決すべく、１９６０年代以降、全世界のインフォメーションの量を文字の数や米ドルに換算するなど多くの手法が試みられた。それらの中で、おそらく最も厳密にインフォメーションの量を計算したのが、米国のマーティン・ヒルバートとプリシラ・ロペスだろう。

ヒルバートとロペスは、２０１１年に発表した「インフォメーションを蓄積し、伝達し、計算するための、世界のテクノロジカル・キャパシティ（The world's technological capacity to store, communicate, and compute information）」という論文の中で、インフォメーションの蓄積に利用される現代の代表的なテクノロジー（デジタルのハード・ディスク、メモリ、ＣＤなど）が蓄積できるインフォメーションの総量を計算した(2)。

ここで重要なのは、人類が「保有している」のではなく、「蓄積できる」インフォメーションの量ということである。なにしろ、世界中の人々が保有している無数のＰＣやメモリに実際に蓄積されているインフォメーションの量を、一つずつ計測するのは不可能だ。しかし、蓄積可能なインフォメーションの量であれば、世界で製造・販売されたＰＣのハードディスクやメモリなどの容量を合計することで、計算が可能になる。

そこで彼らは、ハード・ディスクなどのテクノロジーが蓄積できる容量の限界まで使われている、と仮定した。例えば、1TB（テラバイト）の容量があるPCで、実際にはその半分の500GB（ギガバイト）しか利用されていないとしても、1TBのインフォメーションが蓄積されている、と仮定して計算するのである。こうしてヒルバートとロペスは、「実際に蓄積されているインフォメーションの量」ではなく、今日の人類が「蓄積可能なインフォメーションの量」を計算したのである。

これにアナログのインフォメーション（デジタル化されていない新聞、雑誌、書籍、ビデオなど）も含めて、インフォメーションは最も効率的に圧縮した場合の量、つまりバイト（8ビット）に換算して計算された。圧縮のためのアルゴリズム（方式）は進化しているが、以下の数値は、2014年時点での最も効率的なアルゴリズムにより圧縮されている。このようにして、ヒルバートとロペスは、1986年から2014年までの28年間で、世界のインフォメーションを蓄積する技術的能力がいかに増加したかを計算した[3]（図4・1）（両名の論文は2011年に発表されているが、2015年にアップデイトされている）。

図中の実線がデジタル、細い破線がアナログ、そしてグレイの折れ線が合計を示している。一見すると増加が緩やかに見えるが、縦軸が対数表示なので、1メモリ上がるごとに10の指数が一つずつ増えることに注意されたい。つまり、実際の増加はきわめて急激であったのだ。

例えば、デジタルとアナログの合計を示すグレイの折れ線に注目しよう。1986年には10の18

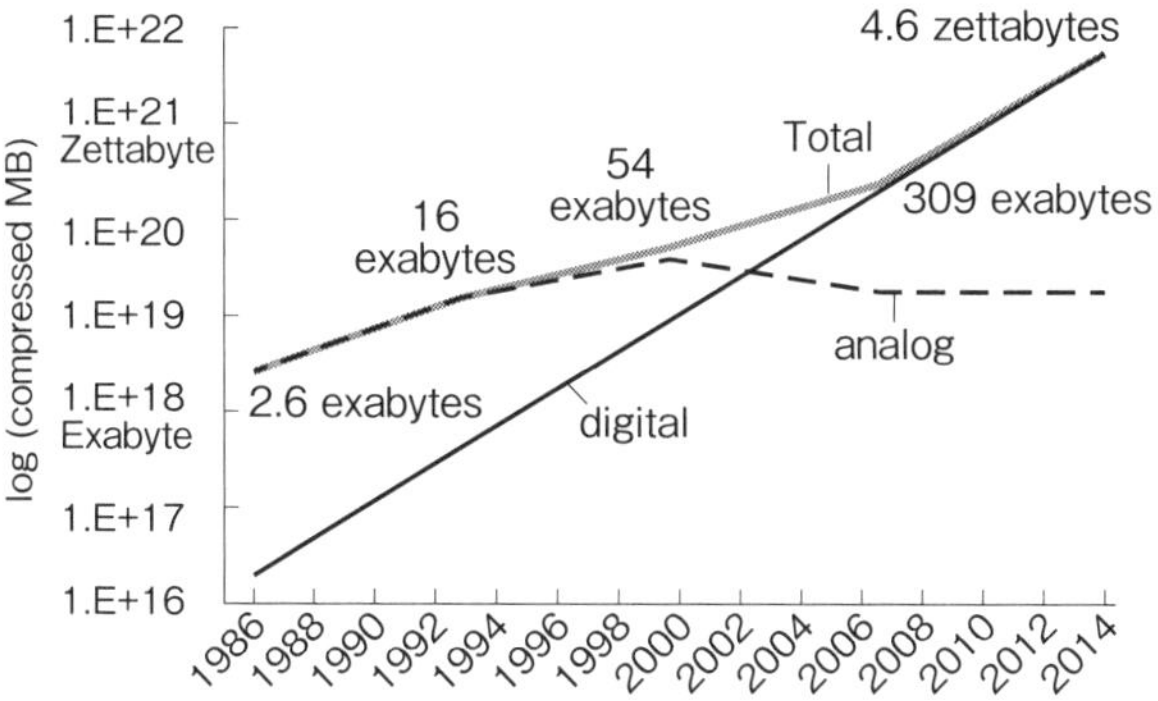

図4.1　インフォメーションを蓄積する技術的能力の増加

注：アナログのインフォメーションを含め、最も効率的に圧縮した場合のバイト数に換算して計算。

出所：Hilbert (2015) p.4.

乗の領域で2・6となっているので、2・6EB（エクサバイト。10の18乗バイト）であったことになる。そして2014年には、メモリが3つ上がった（つまり10の21乗の）領域で4・6となっているので、4・6ZB（ゼッタバイト。10の21乗バイト）であったことになる。

4・6を2・6で割ると1・77となるが、両者の間ではメモリが3つ上がっている（つまり10の3乗分の開きがある）から、わずか28年間で1770倍も増加したことになる。

2　デジタルとアナログの逆転

さらに注目してほしいのが、アナログとデジタルの変化である。デジタルを示す線が急激に上昇しているのに対して、アナログの線は2002年にデジタルと交錯し、その後デジタルを下回って停滞する。

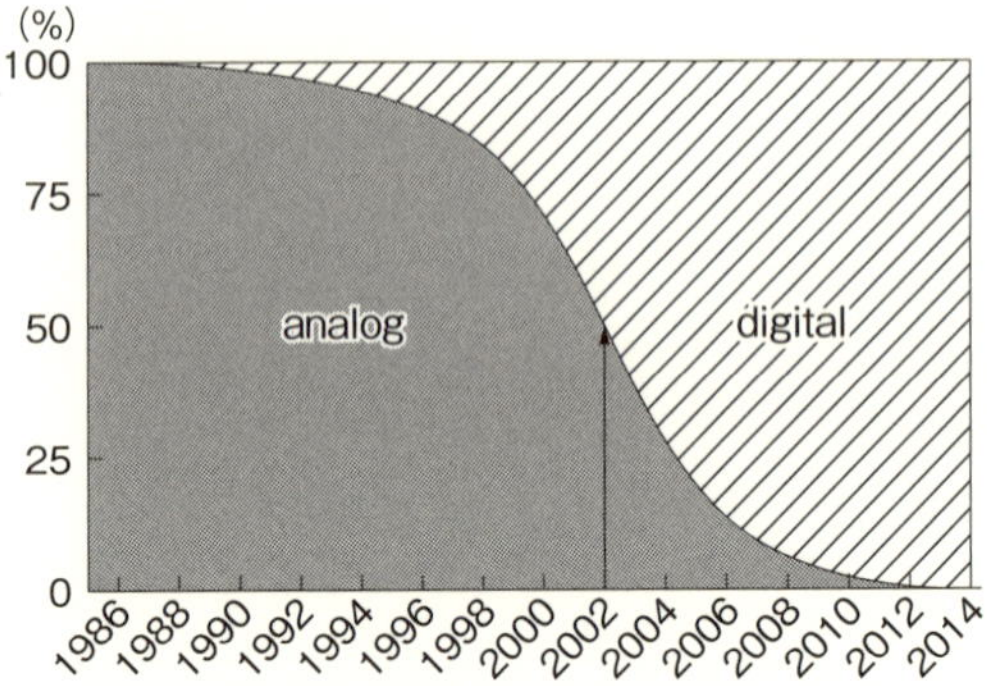

図4.2　インフォメーションの蓄積能力におけるアナログとデジタルの割合

注：アナログのインフォメーションを含め、最も効率的に圧縮した場合のバイト数に換算して計算。

出所：https://www.martinhilbert.net/information-communication-quantity/（Hilbert & López (2011) をアップデート）

つまり、合計に占めるアナログとデジタルの割合が、逆転したのである。

このインフォメーションの総量に占めるアナログとデジタルの割合の変化を分かりやすく示したのが、ヒルバートとロペスが作成した概念図である[4]（図４・２）。

灰色の領域がアナログによる蓄積、そして斜線の領域がデジタルによる蓄積だ。

１９８６年の時点では、まだアナログによる蓄積の割合が圧倒的であったが、それがデジタルによる蓄積の割合と拮抗するのが２００２年である（よってヒルバートは、この年を「デジタル時代（デジタル・エイジ）の始まり」と位置づけている[5]）。そして、アナログによる蓄積とデジタルによる蓄積の割合が逆転し、２０１４年には後者の割合が圧倒的になっている。

二つの図を合わせると、わずか28年間にインフォメーションが1770倍に、つまり爆発的に増加したことと、その背景に急速なインフォメーションのデジタル化があったことが分かるだろう。

ヒルバートは、人類が早くもこのような変化を1970年代に感じ始めて、新しい時代に新たな名称を与えるようになった、と言う(6)。みなさんも「ポスト・インダストリアル・ソサイエティ」とか「デジタル・エイジ」、「インフォメーション・エイジ」といった言葉を聞いたことがあるのではないだろうか。

本書では、この新しい時代を「情報化時代」と呼んでいる。では、この「情報化時代」におけるインフォメーションの爆発的な増加は、「判断・行動のために必要な知識」、つまりインテリジェンスの質と量にどのような影響を与えたのだろうか。次章で見ることとしよう。

【注】

(1)『聖書外典偽典3(旧約偽典1)』アリステアスの手紙/第四マカベア書(日本聖書学研究所/土岐健治、左近淑他訳)(1975)教文館。

(2) Hilbert, Martin & López, Priscila (2011) "The world's technological capacity to store, communicate, and compute information", *Science*, Vol.332, Issue 6025.(https://www.academia.edu/2632682/The_World_s_Technological_Capacity_to_Store_Communicate_and_Compute_Information)

（３）Hilbert, Martin & López, Priscila（2011）をヒルバートが２０１５年にアップデイトしたもの。（https://papers.ssrn.com/sol3/papers.cfm?abstract_id=2984851）

（４）Hilbert, Martin & López, Priscila（2011）をヒルバートが２０１５年にアップデイトしたもの。（https://papers.ssrn.com/sol3/papers.cfm?abstract_id=2984851）

（５）Hilbert, Martin (2020) "Digital technology and social change: the digital transformation of society from a historical perspective", *Dialogues in Clinical Neuroscience*, Vol 22, No.2, pp.189–194.

（６）Hilbert, Martin (2020) pp.189–194.

第5章

情報のパラドクスの出現

前章では、「情報化時代」において、デジタル化を背景としたインフォメーションの爆発的増大が起こったことを数量的に確認した。続く本章では、この増大の結果として、何が生じたかを考えることにしよう。

1　情報のパラドクス

◆情報が増えることは良いことか？

「インフォメーションが爆発的に増えた」と聞くと、われわれは何となく「良いことだ」「素晴らしいことだ」などと思ってしまう。それと言うのも、「産業化時代」では、インフォメーションが増加すれば、そこから作り出される「判断・行動のために必要な知識」つまりインテリジェンスも増加したからだ。

われわれは、「情報化時代」に生きながら、依然としてこの「産業化時代」のマインドセットにどっぷりと浸かっており、その結果、インフォメーションの増加を過大に評価してしまうのである。だからこそ、インフォメーションの増加は無条件で歓迎された。

◆情報か雑音か？

ビジネス・インテリジェンスの大家、ベンジャミン・ギラッドはこう言っている。

「われわれは、自分たちの時代を『インフォメーション・エイジ』などと呼んでいる。これは誤解を招く。正しくは、『ノイズ・エイジ』と呼ぶべきだ(1)」。

この言葉の持つ意味をよく考えてみよう。ギラッドは、自らが創設した「ACI（アカデミー・オブ・コンペティティブ・インテリジェンス）」が2015年に行った調査結果を次のように紹介している(2)。調査の対象は、企業でビジネス・インテリジェンスを担当する210人のマネジャーであり、質問の内容は次のとおりだ。

完全に同意する	12.9%	同意する 合計 48.6%
同意する	35.7%	
どちらとも言えない	25.7%	
同意しない	22.9%	同意しない 合計 25.8%
全く同意しない	2.9%	

表5.1　ACIによるアンケートの結果

出所：Gilad (2021) p.32より筆者訳。

あなたは「私の会社は、良い決定を下すために必要とされる以上のインフォメーションやデータを持っている」という見方に同意しますか？

マネジャーの回答結果は、表5・1のとおりである。なんと、ほぼ半数のマネージャーが、「私の会社は、良い決定を下すために必要とされる以上のインフォメーションやデータを持っている」という見方に同意しているのだ。それに対して、この見方に同意しないと答えたマネジャーの割合は、ほぼ4分の1にすぎない。

ここに「情報化時代」のインフォメーションの爆発的増大が抱える問題点が集約されている。「産業化時代」や、それに先立つ時代には、インフォメーションは「あればあるほど良い」という状況であった。インフォメーションが増加すると、判断・行動のために必要な知識、インテリジェンスが増えたためである。

しかしギラッドの調査によれば、今やほぼ半分のマネジャーが「良い決定を下すために必要とされる以上のインフォメーションを持っている」と感じている。そして、「必要とされる以上の」インフォメーションは、もはやギラッドの言う「ノイズ」でしかない。それらは良い決定・判断や行動に役立ち、利益を実現してくれるインテリジェンスになり得ないどころか、インテリジェンスの生産を妨げ減少させてしまう。つまり、「情報化時代」になって初めて、「インフォメーションが増えると、インテリジェンスが減る」という「情報のパラドクス」と呼ぶべき事態が生じたのだ。

今や、インフォメーションの増加は無条件に歓迎できるものではない。われわれは「産業化時代」から「情報化時代」へと、マインドセットを切り替えなければならない。そのためにも、インフォメーションの爆発的増大がいかなる問題を引き起こしているのか、詳しく見ていこう。

◆食い尽くされていく集中力

早くも１９７１年、つまり人類が「情報化時代」の到来を何となく感じ始めた時代に、インフォメーションの増加がもたらす問題を鋭く指摘したのが、ノーベル賞を受賞した米国の心理学者、ハーバート・サイモンである。彼は、次のように主張する(3)。

インフォメーションだらけの世界では、インフォメーションの豊かさが同時に何か別のものの貧困を意味するのである。つまりインフォメーションによって、食い尽くされてしまう何かがあるのだ。この「何か」の正体は、かなり明らかである。それは、インフォメーションの受け手の集中力だ。つまりインフォメーションの豊かさは、集中力の貧困を招いてしまうのだ。

このサイモンの予言は、「情報化時代」真っ只中の今日、まさに的中したと言うべきだろう。多くの人々はEメールやFacebookのアカウント、そしてX（Twitter）を使用しており、それをいつもオープンにしているために、仕事の間中（実は休暇中も）、気をそらされてしまう。

それがもたらす弊害については、スウェーデンの精神科医であるアンデシュ・ハンセンが、著書『スマホ脳』の中で詳述している。[4]

例えば、大学での講義中に友人からEメールが入り、急いで返信した後、再び講義に聴き入ろうとしたとする。しかし、人間の脳は、集中の対象を瞬時に切り替えられるわけではない。直前に行った作業（Eメール）から抜け出せない状態（「注意残余（attention residue）」と呼ばれる）があり、切り替える時間を経て、ようやく元の作業（聴講）に集中することが可能になる。つまり、Eメールにほんの数秒費やしただけで、数秒以上の時間が犠牲になるというわけだ。同書で紹介されている実験では、集中する対象を切り替えた後に再び元の作業に１００％集中するまで、何分もかかってしまうという結果が出ている。

特に深刻なのは、未来を担う若者の間で集中力の欠如が著しくなっていることだ。先ほども登場したベンジャミン・ギラッドは、次のように慨嘆している。[5]

「自らのディバイスを活用して、マルチのソースからインフォメーションを引き出すことに慣れている若者は、集中している時間が短くなることにはお構いなしに、ひたすら、もっと多くのインフォメーションを獲得することに躍起になっている」。

◆情報量の増大と、相対的に無知化する個人

より多くのインフォメーションが蓄積され、かつ伝達されれば、人間はより博識になれるだろう。そして1986年と2014年の間に（そして、それ以降も）インフォメーションが爆発的に増加したのなら、人類はそれだけ博識になっているはずだ。

さらに、人間の知能指数（IQ）は、時の経過とともに高まっていく傾向にある。これをニュージーランドの政治学者、ジェームズ・フリンの名前を冠して「フリン効果」と呼ぶのだが、知能検査の結果では10年あたり3％程度の割合で知能指数が上昇している、との報告もある(6)。つまり、われわれのほとんどは、われわれの両親よりも若干賢くなっていることになる。われわれの子どももまた、われわれより若干賢くなるのだろう。

より多くのインフォメーションと知能指数の増加を結合すれば、より多くのインテリジェンス、つまり「判断・行動」のために必要な知識が創造できるように思えてしまう。

しかし実態は、異なっている。インフォメーションの増加があまりに爆発的なため、個人が急速

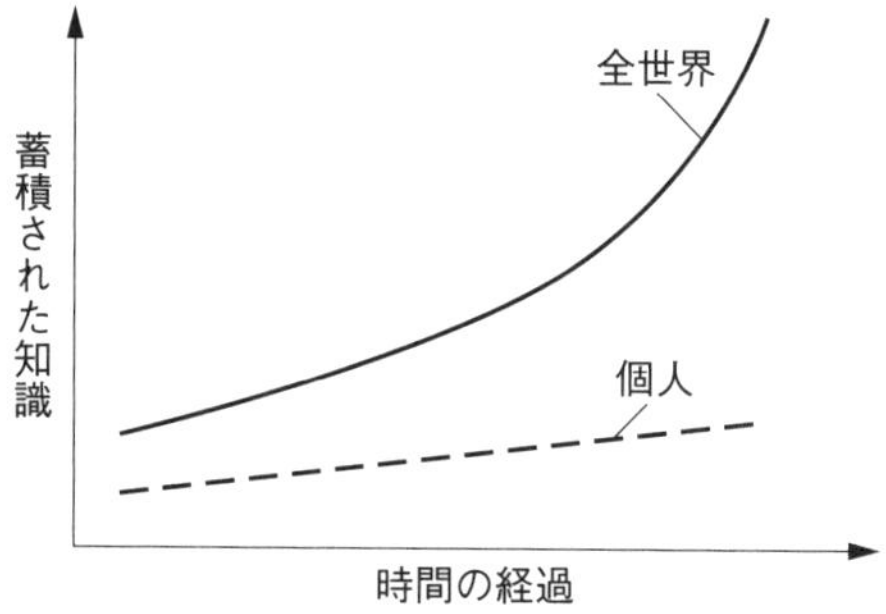

図5.1　個人の相対的な無知化

出所：Birkinshaw & Ridderstråle (2017) p.30より筆者訳。

なインフォメーションの増加に追い付けないからだ。要するに、全世界のインフォメーションが増えれば増えるほど、人間一人一人は相対的に無知になっていくのだ。

ただし、これはあくまで「相対的に」である。絶対量だけを見れば、個人は周囲のインフォメーションの増加に伴って博識になっていく。「情報化時代」の個人は「産業化時代」など先立つ時代を生きた個人に比べれば、はるかに博識である。

しかし、個人がフォローできるインフォメーションの量には限界があり、それを上回って全世界のインフォメーションが増加していくために、それと比べれば、つまり相対的には、個人は無知になりつつあるのだ。

経済学者のジュリアン・バーキンショーと、ビジネスの研究家であるジョナス・リッデルストラーレは、こうした個人の相対的な無知化を図5・1のように表現している[7]。

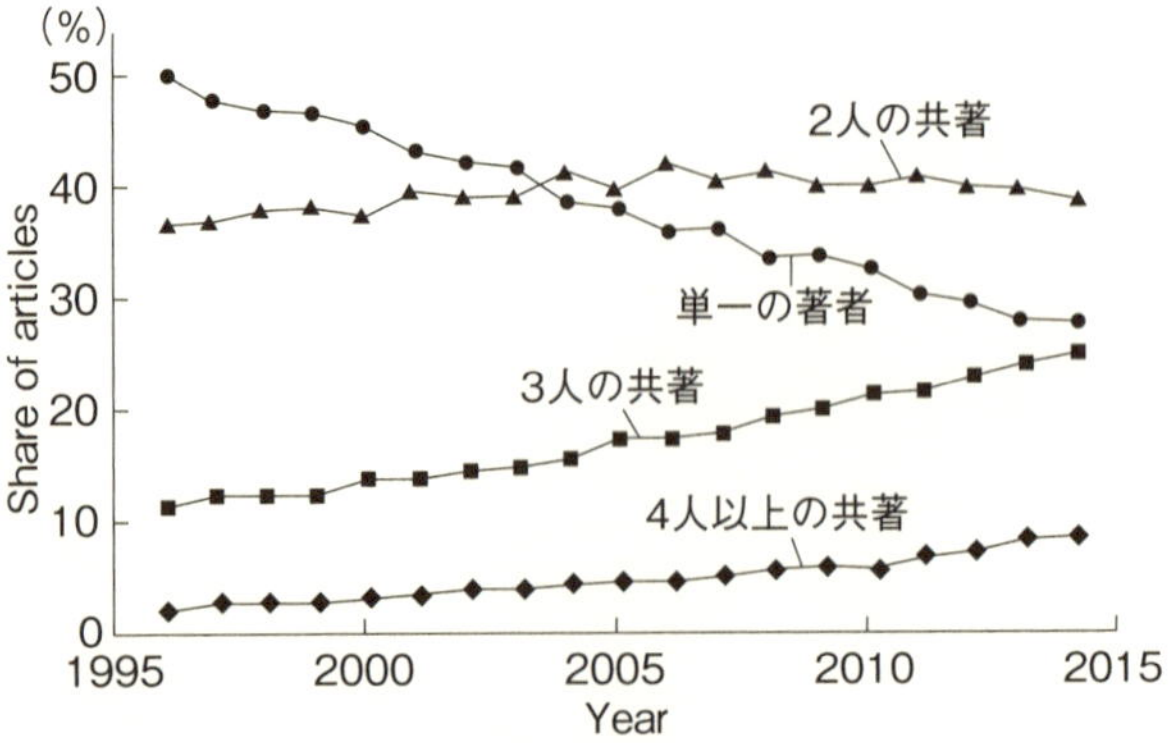

図5.2　社会科学研究における共著論文の増加

出所：Kuld & O'Hagan (2018) より筆者訳。

◆個人の相対的無知化と共同研究の増加

例えば、社会科学の分野では、過去数十年間に複数の研究者の共著による研究発表が着実に増加している。図5・2は2018年に発表された、250以上の主要経済誌に掲載された17万5000件の論文に関する調査結果である。[8] それによると、1996年には一人の著者による論文が50％を占めていたが、その割合は2014年には25％強まで落ち込んでいる。ちなみに、1960年代には約90％の論文が一人の著者によって書かれていた。単一著者による論文がいかに減少したかが分かるだろう。

さらに興味深いのは、2人の共著の割合はわずかに増加しつつも安定しているのに対し、3人と4人以上の共著の割合が急速に増加したことだ。具体的には2014年の時点で、4人以上の共著の割合が約8％、3人の共著の割合が約25％と、1996年から2倍以上に増加している。この傾向は、特にトップ20位の経済誌において著しく、2014年の時点で、単一の著者による割合がわずか20%強であるのに対して、それを2人と3人の共著の割合が、大きく引き離している。

この背景には種々の事情があるが、その中の一つは、社会科学分野の研究者が自らの専門をより狭い分野に絞り込む必要に迫られている、というものだ。つまり、研究の対象を一人でカバーすることができないために、複数による協働が不可欠になってきたのである。これは、全世界のインフォメーションが増えれば増えるほど、人間一人一人が相対的に無知になっていくことの例である。

同様の現象は、自然科学の分野にも見られる。かつて、アイデアの突破口は「ハイゼンベルグの不確定理論」などの名称からも分かるように、個人が開いてきた。しかし今や、突破口はますますチームによって開かれるようになっている。

CERN(欧州原子核研究機構)の5154人の科学者が協働してヒッグス粒子の存在を証明したのも、その例だ。ノーベル賞も、物理学賞や化学賞、そして生理学・医学賞の各分野で、複数受賞が当たり前のようになってきた。

そう考えると、「情報化時代」の到来により、個人が相対的に無知になってきた結果、優秀な「一匹狼」になるだけでは十分でなく、他者と上手くつながる能力がますます重要になってきた、と言えるだろう。

2　情報に翻弄され、判断を誤る人類

◆人類は情報処理が苦手

「集中力の喪失」と「相対的に無知になった個人」という状況は、人間がもともと大量のインフォメーション処理が苦手だ、という事情と重なって、インフォメーションがあふれる「情報化時代」にいっそう深刻な状況を生み出している。

ここで実験をしてみよう。

あなたが3人の俳優の写真を見せられたとする。

あなたは俳優AとBを比較して「Aの方が好きだ」と答えたとする。次に俳優BとCを比較して「Bの方が好きだ」と答えた。

では俳優AとCを比較したら、どうなるだろうか？

当然、「Aの方が好きだ」となる（はずだ）。

「当たり前だ」と思われるかもしれない。しかし、あなたがそう思うのは、対象、つまりインフォメーションが3つしかないからだ。対象が4つ、5つ、……と増えていったら何が起こるだろうか。

実は心理学の実験によると、人間は8つ以上の異なるインフォメーションを与えられると、それらを整合的に扱うことができなくなってしまうことがわかっている(9)。

つまり同じ実験を、8人の俳優の写真で行うと「Aの方が好きだ」と言わなければならない時に、

「Cの方が好きだ」と答えてしまうことが起こり得るのだ。

	直観	ペアランキング
風と共に去りぬ	2	4
地上より永遠に	12	15
バック・トゥ・ザ・フューチャー	14	11
ゴーストバスターズ	15	14
大脱走	10	6
スター・ウォーズ	13	5
シンドラーのリスト	3	2
パットン	6	7
ゴッドファーザー	5	10
ガンジー	1	1
羊たちの沈黙	11	12
ベン・ハー	8	3
十戒	7	13
戦場にかける橋	9	9
ダンス・ウィズ・ウルブズ	4	8

表5.2　直観とペアランキングによる映画の順位づけ

出所：Jones (1998) p.158より筆者訳。

◆どの映画がお好き？

この点を詳しく実証するために、CIAなどでインフォメーションの分析を研究したモーガン・ジョーンズが行った興味深い実験を紹介しよう[10]。

表5・2は、15の映画について、ジョーンズ自身がランク付けした結果である。ジョーンズは「直観」と「ペアランキング」でランク付けを行った。「直観」は文字どおり直観に従って順位をつけた結果である。

次に、「直観」の結果を隠して「ペアランキング」を行う。スポーツの総当たり戦のように、2つの映画のどちらが好きかを積み重ねて、最終的に15の映画すべてのランク付けを行うのだ。

まず、第1ラウンドで「風と共に去りぬ」を他のすべての映画と順次比較する。「風と共に去りぬ」と「地上より永遠に」ではどちらが好きか、「風と共に去りぬ」と「バック・トゥ・ザ・フューチャー」ではどちらが好きか、……「風と共に去りぬ」と「ダンス・ウィズ・ウルブズ」ではどちらが好きか、という形で、好きな方の映画の横に縦棒を一本引く。

次に、第2ラウンドでは「地上より永遠に」を、すでに比較を終えた「風と共に去りぬ」を除く、他のすべての映画と順次比較していく。「地上より永遠に」と「バック・トゥ・ザ・フューチャー」ではどちらが好きか、「地上より永遠に」と「ゴーストバスターズ」ではどちらが好きか、……「地上より永遠に」と「ダンス・ウィズ・ウルブズ」ではどちらが好きか、という形で、好きな方の映画の横に縦棒を一本引く。

この作業を第14ラウンドまで繰り返した後、それぞれの映画に引かれた縦棒を数えて、数の多いものから順に、1位、2位、……15位とランク付けをする。

その結果は「ペアランキング」の欄に記載されている。

これを「直観」欄のランキングと比較してみよう。すると、第1位の「ガンジー」と第9位の「戦場にかける橋」が辛うじて同じランキングとなったが、それ以外のすべての映画で異なったランキングという結果になったのである。

人間は、大量のインフォメーションの処理が以下に下手か、この実験からもお分かりいただけると思う。

◆多発する予測不可能な事態

より多くのインフォメーションが蓄積され、かつ伝達される「情報化時代」には、インフォメーションが原動力になって人間の連結性も爆発的に高まっていく。

先ほども登場したジュリアン・バーキンショーとジョナス・リッデルストラーレは、「多数の経済的、政治的、技術的、そして物理的なリンクが生まれ、絶え間なくフィードバックが繰り返される中で、全く予測不可能な事態が生じやすくなっている」と指摘し、レバノン系米国人の思想家ナッシム・ニコラス・タレブの「ブラック・スワン」が流行語になった例を挙げている[11]。

タレブによれば、「ブラック・スワン」とは、世界金融危機のように過去のトレンドを合理的に分析しても予測できない出来事を指す。事後的に種々のトレンドをつなぎ合わせると、最終的には何とか説明がつく。しかしそれは、あくまで「後知恵」にすぎず、起こった瞬間にはすべての人々を驚愕させてしまうのだ。

カタストロフィを研究するニーアル・ファーガソンによると、世界金融危機を、本当の意味で正確に予見できたエコノミストは、ほんの一握りしかいなかった。

そしてブルームバーグの編集者を務めるサイモン・ケネディと、ザ・ニューヨーク・タイムズで経済関係の記事を執筆するピーター・コイによると、１９８８年から２０１９年までに起こった国家経済の４６９回の下降のうち、それが始まる前年の春までに国際通貨基金（ＩＭＦ）が予測できたのは、４回だけであった。

ファーガソンは、このような予測不可能な経済を「複雑系」と呼ぶ。[12] その典型は天候である。つまり、初期に起こった小さな変化（ブラジルで蝶が羽ばたく）が、最終的に巨大な変化を引き起こす（テキサスで竜巻を引き起こす）という「バタフライ・エフェクト（効果）」の結果、予測が不可能になってしまうのだ。ファーガソンによれば、経済も同様に「複雑系」であり、かつその複雑の度合いがますます高まっている、という。

◆そして、インテリジェンス・サイクルは……

今日の「情報化時代」には、急速なインフォメーションのデジタル化を背景に、インフォメーションが爆発的に増加した。この現象はわれわれを前世代よりも博識にしたであろうが、決して無条件に歓迎できるものではない。

個人のレベルでは、「集中力の喪失」と「個人の相対的な無知化」という変化が起こり、個人が弱体化した。そして社会のレベルでは、「予測不可能な事態の多発」という変化が生じたのである。

このように、個人と社会の双方のレベルで大きな変化が生じたからこそ、「産業化時代」に生まれ、最適に機能した「インテリジェンス・サイクル」は、「情報化時代」に入り機能不全に陥っているのだ。では具体的に、どのような形で機能不全が生じているのだろうか。

その実態を次章で見ることとしよう。

【注】

（１）Gilad, Benjamin (2021) *The Opposite of Noise, The Power of Competitive Intelligence*, Independently published, p.31.

（２）Gilad (2021) p.32.

（３）Simon, H. A. (1971) “Designing organizations for an information-rich world”, in *Computers, Communication, and the Public Interest*, ed. M. Greenberger, Baltimore, John Hopkins Press, pp.40–41.

（４）アンデシュ・ハンセン（久山葉子訳）（２０２０）『スマホ脳（電子書籍版）』新潮社、72-73頁。

（５）Gilad (2021) p.17.

（６）Birkinshaw, Julian & Ridderstråle, Jonas (2017) *Fast/Forward, Make Your Company Fit for the Future*, Stanford, Stanford University Press, p.30. 知能指数が高まる原因としては、栄養の改善、少子化による教育の改善、など諸説がある。

（７）Birkinshaw, Julian & Ridderstråle, Jonas (2017) p.30.

（８）Kuld, Lukas & O’Hagan, John (2018) “The proportion of co-authored research articles has risen markedly in recent decades”, London School of Economics and Politcal Science, blog, April 4th.（https://blogs.lse.ac.uk/impactofsocialsciences/2018/04/04/the-proportion-of-co-authored-research-articles-has-risen-markedly-in-recent-decades/）

（９）北岡元（２００８）『仕事に役立つインテリジェンス　問題解決のための情報分析入門』ＰＨＰ研究所、１２５頁。

（10）北岡（２００８）１２５-１２９頁。

（11）Birkinshaw, Julian & Ridderstråle, Jonas (2017) p.37.

（12）ニーアル・ファーガソン（柴田裕之訳）（２０２１）『大惨事（カタストロフィ）の人類史（電子書籍版）』東洋経済新報社、１５５-１５６頁。

第6章

インテリジェンス・サイクルの機能不全

前章までで「情報化時代」の特徴を確認した。そこで本章では、この「情報化時代」にインテリジェンス・サイクルがいかなる状況に陥っているかを考えよう。

結論を先取りすれば、「サイクルに対する批判が高まる中で、サイクルを見直しながら新しいモデルの模索が続いている」というのが現状である。

1　安全保障分野での新たな模索

◆「インテリジェンス・プロセス」の登場

この動きは、インテリジェンスの研究者に限らない。英米の軍が、インテリジェンス・サイクルというモデルにますます懐疑的になっている兆候が見られる。

例えば英国軍は、2009年から2011年にかけてインテリジェンス・ドクトリンの見直しを行ったが、そこでは古典的な「インテリジェンス・サイクル」の見直しが中心的な議題となった(1)。

また米国では、統合参謀本部の『統合国家インテリジェンスによる軍事作戦支援（*Joint and National Intelligence Support to Military Operations*）』の2012年改訂版で、インテリジェンス・サイクルが本文の記述からはずされて補論（Appendix）に押しやられ、代わって本文では、次の図とともにインテリジェンス・プロセスという用語が使用されるようになった(2)（図6・1。筆者が和訳）。

これを、第1部で紹介した伝統的なサイクルと比べてみよう（図6・2）。

「インテリジェンス・プロセス」では、伝統的サイクルとほぼ同じステップが残されているものの、「サイクルが回転し、ステップが順次踏まれて行く（シークエンス）」という概念が放棄されていることが分かる。

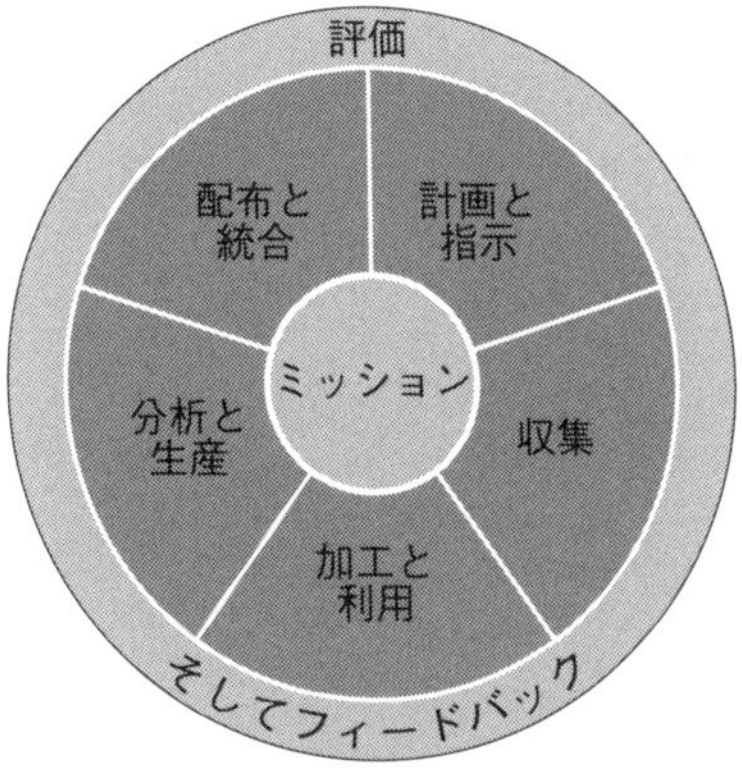

図6.1　インテリジェンス・プロセス
出所：U.S. Joint Staff (2012) p.Ⅲ-2より筆者訳。

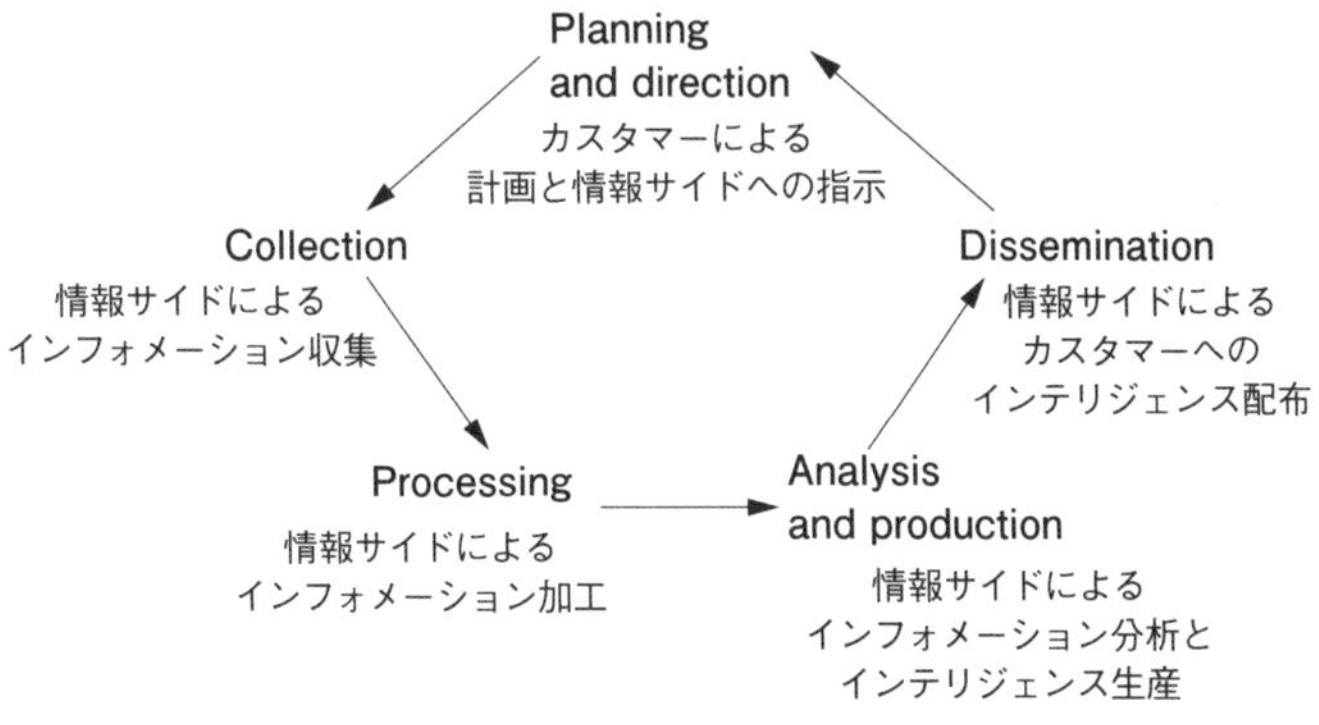

図6.2　伝統的なインテリジェンス・サイクル（再掲）
出所：Johnstone (2005) p.46より筆者訳。

◆インテリジェンス・サイクルのどこがおかしいのか？

このような機運を作り出したのが、元CIA職員でインテリジェンス研究の大御所でもあるアーサー・ハルニックの2006年の論文「インテリジェンス・サイクルのどこがおかしいのか（What's wrong with the Intelligence Cycle）」である。(3)

ハルニックは、まず「現代では、ほとんどすべてのインテリジェンスの専門家が『インテリジェンス・サイクル』を学ぶ。それは、インテリジェンスがいかに機能するかを教えてくれる、一種のゴスペル（福音）のようになってしまった」として、「サイクル」がいかに確立しているか（確立してしまっているか）を確認する。

しかし、続けて「それ（『サイクル』）は、格別に良いモデルというわけではない。なぜなら、『サイクルが回転する』というパターンは、実態を反映していないからだ」と主張する。

ハルニックによれば、政策を担当する者（カスタマー）が、インフォメーションの収集の指示を出すことは、もはや稀である。そしてインフォメーションの収集と分析は「収集、その後、分析」という形で順序良く行われるのではなく、実際はほとんど同時並行的に行われる。

こうしてハルニックは、「『サイクル』という概念は欠陥品だ。それにもかかわらず、米国をはじめとする全世界で、相変わらず教授されている」と結論づけているのである。

ハルニックの指摘の中で特に重要なのが、カスタマーがもはやリクワイアメント（要求）を情報サイドに伝達できなくなっていること、そして情報サイドの「収集、その後、分析」というステップが順次踏まれていくというサイクルが崩れていることだ。

このハルニックの論文をきっかけとして、インテリジェンスの実務家や研究者の間で大論争が巻き起こった。

◆カスタマーは自身のリクワイアメントが分からない

まず「カスタマーが、もはやリクワイアメントを情報サイドに伝達できなくなっている」という点について考えてみよう。

第1部でも述べたように、国家安全保障の分野では、フィシアンが2013年に「ごく最近までインテリジェンスの訓練コース、高等教育のためのコース、さらには教科書が『インテリジェンスサイクル』に触れることなく始まることはなかった」と述べて、これまで「インテリジェンス・サイクル」が重視されてきたことを指摘した(4)。

しかしフィシアンは「『インテリジェンス・サイクル』が、ますます現実と乖離して、特に『情報化時代（information age）』となった現代では、もはやそのままの形では適用できなくなってしまった」と続ける(5)。

フィシアンによると、「今日のインテリジェンスが対象とする世界は、1948年時点に比べて複雑になった。結果として潜在的な脅威を見つけ出し、追跡するプロセスも複雑になった(6)」。その例として、2001年のアルカイダによるテロに際して、ブッシュ政権は事前に差し迫った脅威を察知できなかったことを挙げている。

このように予測不可能な事態が多発する「情報化時代」にあっては、カスタマーが明確なリクワイアメントを伝達することは、もはや不可能になりつつあるのだ。

この問題を乗り越えるために、多くのインテリジェンスの研究家が、サイクルに代わるモデルを提唱するようになっているのだが、それらについては第3部で紹介することとしたい。

2　ビジネス・インテリジェンスにおける模索

◆ブラック・ホール・モデル

一方、ビジネスの分野でも、第1部で紹介したサイクル・モデル（ヘリング・モデル）が上手く機能しなくなっている。本書にたびたび登場するベンジャミン・ギラッドは、大半の企業で経営幹部から適切なリクワイアメントが伝達されない結果、ヘリング・モデルはブラック・ホールのようになってしまったという[7]（図6・3：分かりやすくするために、筆者が適宜加筆と意訳を行っている）。

まず、カスタマーたる経営幹部からは、リクワイアメントが降りてこない。よって情報サイドは、リクワイアメントがないままに、市場と向き合うマネジャークラスがインフォメーションを収集し、プロの分析官がそれを分析してインテリジェンスを生産することになる。

しかし、そのようにして生産されたインテリジェンスは、経営幹部が要求したものではない。そ

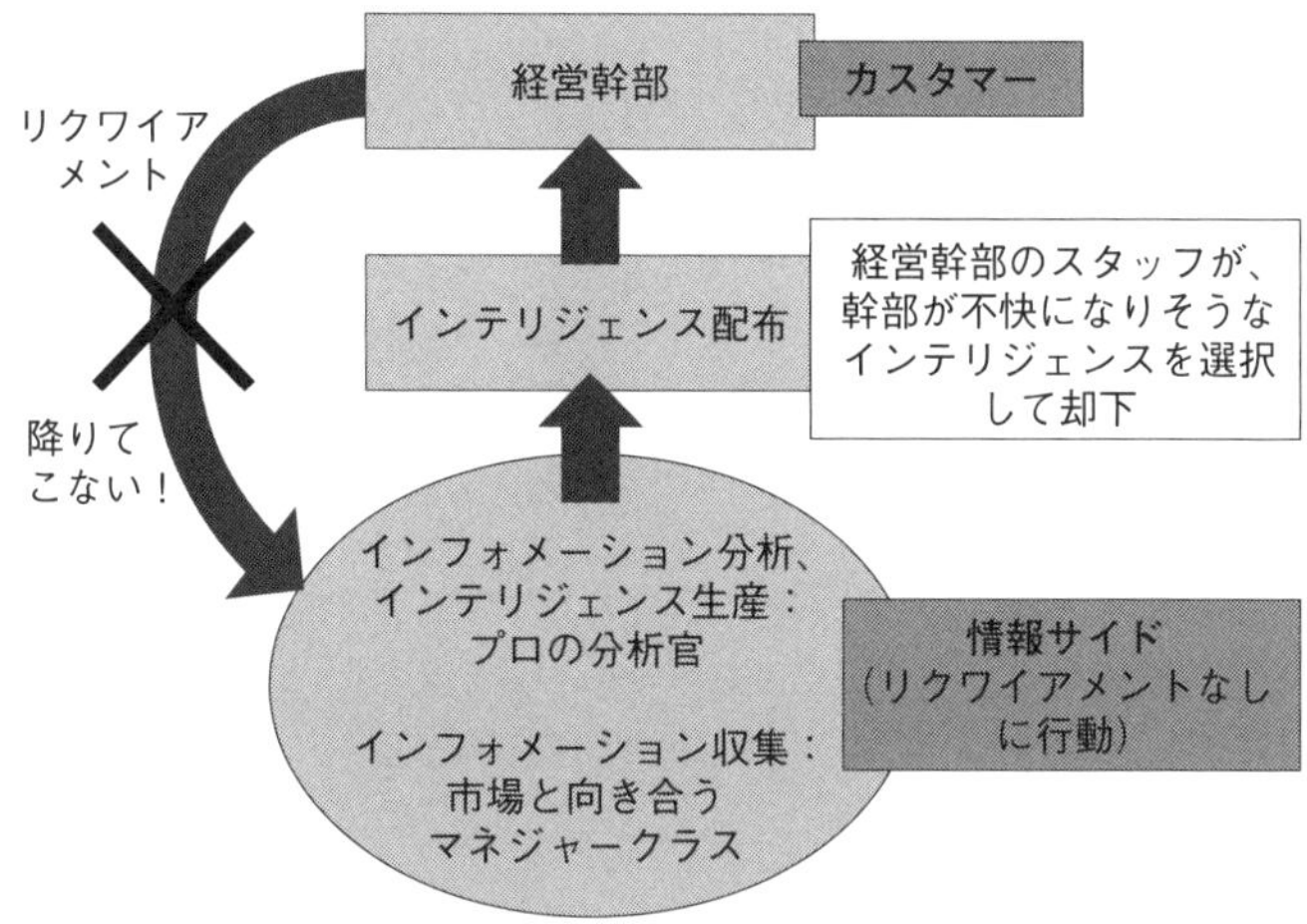

図6.3 ブラック・ホール・モデル
出所：Gilad (2021) p.177より筆者訳。

こで、経営幹部に上げられる前に、経営幹部の下にいるスタッフが内容をチェックしてふるい分けることになる。その結果、経営幹部が不快に感じそうなインテリジェンス（戦略が機能しない初期的な兆候、当該企業が受け入れがたいほど不快な機会の到来など）が却下され、最終的に経営幹部に上げられるのは、他社の活動の詳細といった類いのものになり、戦略的なチャンスを見出すという観点からは、ほとんど価値がなくなってしまうのだ。

◆経営幹部御下問モデル

ギラッドによると、リクワイアメントが降りてくる伝統的なモデルが未だに大企業に存在している例もある[8]（図6・4）。

これをギラッドは「経営幹部御下問モデル」と呼んでいる。一見すると、経営幹部からリク

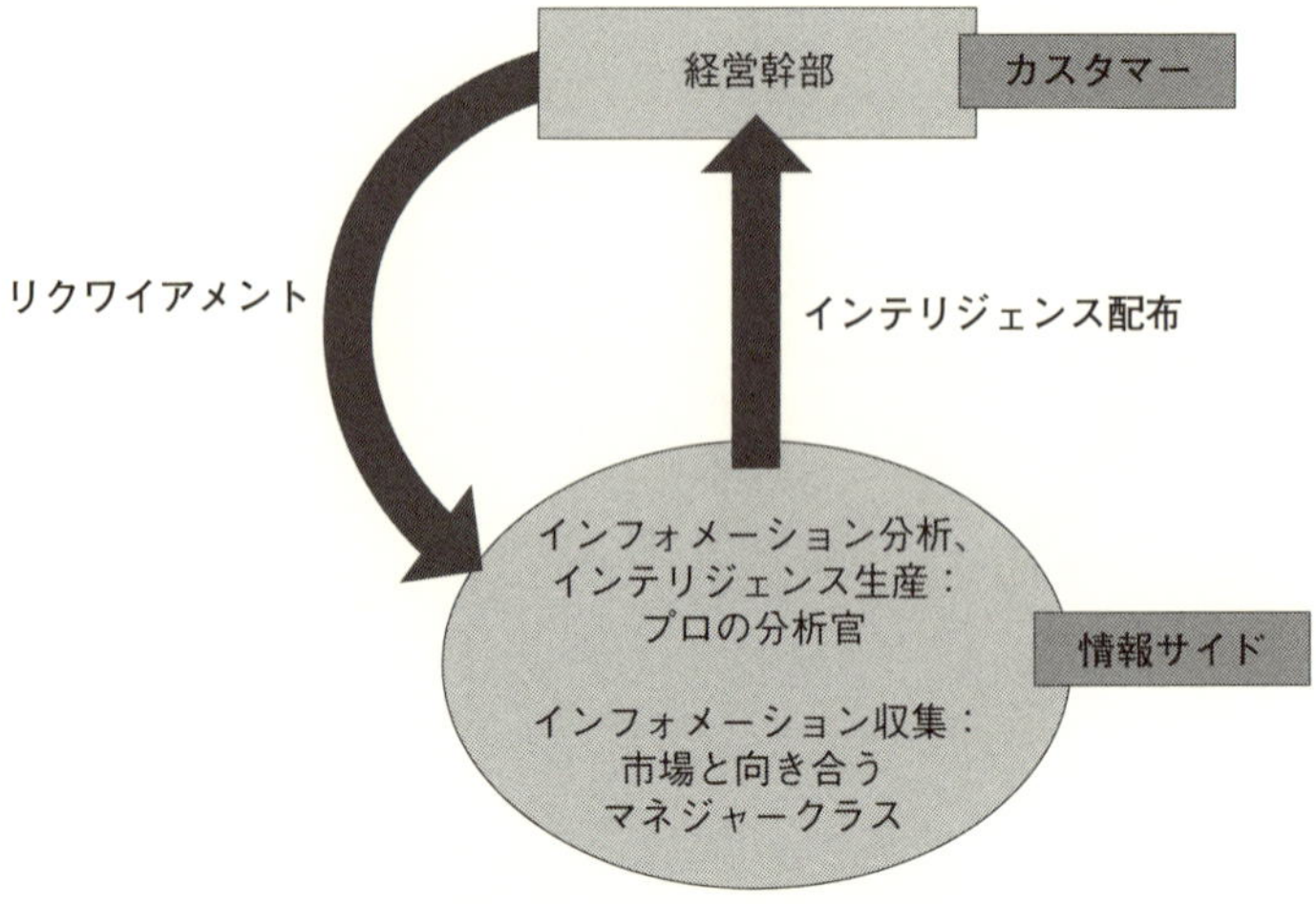

図6.4　経営幹部御下問モデル

出所：Gilad (2021) p.179より筆者訳。

ワイアメントが下達され、それに基づいて、市場と向き合うマネジャークラスがインフォメーションを収集し、プロの分析官が分析して生産されたインテリジェンスが、経営幹部に配布される、ということでまさに伝統的なインテリジェンス・サイクルである。

しかしギラッドによれば、それがうまく機能しているとは言い難い。なぜなら、経営幹部が一方向のコミュニケーションで、特定のイシューに関するインテリジェンスのみを要求するためだ。その際に経営幹部は、要求の背景を説明することとすらしない。

もし分析官が、「リクワイアメントの背景を教えて欲しい」と尋ねると、経営幹部から「ファクツだけよこせばよい！」とか「お前は、それ以上知る必要はない！」といった形でハネつけられてしまう。結果として分析官は、生のデータ以上のものを経営幹部に提供しなくなってしまうのだ。

ギラッドは、このような状況を打開すべく「センスメイキング・モデル」を提唱しており、それを実践している企業もあるのだが、これについては第3部で紹介することにしよう。

◆情報の収集から分析へと順序よく流れない

続いて、ハルニックが指摘した2番目の問題、つまり情報サイドの「収集、その後、分析」というサイクルの流れが崩れている問題を考えてみよう。

元CIA職員のインテリジェンス研究家であるロバート・クラークは、「長い年月を経るうちに、インテリジェンス・サイクルはほとんど神学的な概念になってしまった。誰一人、その妥当性を疑うものはいない」にもかかわらず、「多くのインテリジェンス・オフィサーは、問い詰められると、インテリジェンスのプロセスはサイクルのようには動いていない、ということを認めるのである」と述べている(9)。

◆チーム・エフォートによる自動車生産

ここでクラークは、「産業化時代」の自動車の大量生産方法を例に挙げる。

自動車の開発・生産では、まずマーケティング部門が「新型車の投入が必要だ」と主張する(これが「サイクル」の「リクワイアメント」に相当する)。

次にデザイン部門が新車を設計し、それを生産部門に渡す。生産部門は、そのデザインの車の生産に適した形に工場の生産ラインを組み直し、生産を開始する（「サイクル」の「インフォメーション収集、分析とインテリジェンス生産」に相当する）。完成した車はセールス部門に回されて、市場で販売されていく。その後、マーケティング部門は、その新車に対する市場の反応を見つつ、再び別の新車が必要だと主張して、同じ「サイクル」が繰り返される……。

しかし、クラークによれば、もはや車はこのような形では生産されていない。「情報化時代」の生産方法は、チームが一丸となる「チーム・エフォート（team effort）」で行われるのだ。

まずマーケティング、デザイン、生産、そしてセールスの各部門のスタッフが、一つの部屋に集まる。その部屋には、ユーザー（消費者）の代表も同席し、全員が共通のターゲット、つまり新車の開発について議論を縦横に交わすのだ。それは複雑だが、対話型で、協力的で、かつ社交的なプロセスである。これこそが、より高品質で、よりマーケット志向の製品を、より迅速に生産することを可能にする。

ポイントになるのは、自動車生産の分野では、すでに「産業化時代」の上下関係と分業を特徴とするビューロクラシーから脱却しているという点だ。つまり「情報化時代」に適応すべく、上下関係も分業も乗り越えて一丸となったチームが対話を重ねつつ、ますます好みが多様化するカスタマーの要求にマッチする製品を柔軟に生産しているのである。

クラークは、「情報化時代」にあってはインテリジェンスの生産も同様でなければならないと主張する。そして、インテリジェンス・サイクル・モデルに代わる「ターゲット・セントリック・アプローチ」を提唱し、すでに米国の情報機関で構成されるインテリジェンス・コミュニティが採用している、と述べている。このモデルについても、第3部で検討することにしよう。

3 弱体化した個人をいかにつなぐか？

以上、「情報化時代」を迎えた現代において、インテリジェンス・サイクルに対する批判が高まっている状況を、国家安全保障とビジネスの双方の分野で見てきた。

その背後には、ハルニックが指摘したとおり、カスタマーがもはやリクワイアメントを情報サイドに伝達できなくなっていること、そして情報サイドの「収集、その後、分析」というサイクルのステップが順次踏まれていくという流れが崩れていること、という2つの事情がある。

ここで「情報化時代」という観点から、サイクルの機能不全を検討してみよう。「情報化時代」には、個人のレベルでは、集中力の喪失と個人が相対的に無知になるという状況が重なって、個人の弱体化という問題が引き起こされる。そして社会のレベルでは、予測不可能な事態の多発という問題が起こっているのであった。

同様にインテリジェンス・サイクルにおいても、集中力の喪失と、相対的に無知になったことで弱体化したカスタマーが、追い打ちをかけられるように予測不可能な事態の多発に直面している。だからこそカスタマーは、もはや適切なリクワイアメントを情報サイドに伝達できなくなっているのだ。

また弱体化したのは、カスタマーのみではない。情報サイドも弱体化したうえに、カスタマーからは適切なリクワイアメントが降りてこない。それに追い打ちをかけられるように、予測不可能な事態の多発に直面しているのは、カスタマーと同じことだ。

ではどうすべきなのか?

最も重要なのは、カスタマーと情報サイドが、そして情報サイドの中でもインフォメーションの収集担当者と分析担当者とが、上下左右にしっかりとつながることで、個人が弱体化した分をカバーすることだ。

ここでクラークが紹介した、自動車の生産方法の変化を思い出してほしい。現代の自動車生産は、マーケティング、デザイン、生産、そしてセールスの各部門のスタッフに加えて消費者の代表も同席し、全員が共通のターゲット、つまり新車の開発について議論を縦横に交わし、関係者が一丸となって生産が行われる。「情報化時代」のインテリジェンスの生産も、まさにこのような方法で行われるべきなのだ。

しかし、その実現は難しい。上下関係と分業というビューロクラシーを特徴とするモノの世界の自動車の生産方法も、インテリジェンスの世界のインテリジェンスの生産方法(つまりインテリジェンス・サイクル）も、「情報化時代」に先立つ「産業化時代」には最適に機能していたからだ。われわれが変革を目指そうとするなら、「情報化時代」というまったく異なる時代に生きていることを自覚し、マインドセットを根本的に転換しなければならない。

しかし、ビューロクラシーに染まったマインドセットを転換するのは、きわめて難しい。ビューロクラシーには上下関係により最低限の秩序を維持し、分業により作業重複を回避し効率化を図るという、それなりのメリットがあるからだ。

したがって、改革の過程で、ビューロクラシーを完全に捨て去るべきではない。実際、ジュリアン・バーキンショーとジョナス・リッデルストラーレも、「ビューロクラシーを完全に捨て去ることは、赤子を風呂桶のお湯ごと捨ててしまうようなものだ」と述べている(10)。ビューロクラシーを捨て去るのではなく、薄めつつ、弱体化した個々人が上下左右に、もっと緊密につながることができるようなモデルを考えなければならないのだ。

それが、第3部での課題である。

【注】

（1）Davies, Philip H. J., Gustafson, Kristian & Rigden, Ian (2013) "The Intelligence Cycle is dead, long live the Intelligence Cycle", *Understanding the Intelligence Cycle*, London, Routledge, p.57.

(2) U.S. Joint Staff (2012) *Joint and National Intelligence Support to Military Operations*, Joint Publication 2–01. (https://www.bits.de/NRANEU/others/jp-doctrine/jp2_01%2812%29.pdf)

(3) Hulnick, Arthur S. (2006) "What's wrong with the Intelligence Cycle", *Intelligence and National Security*, Vol.21, Issue 6, pp.959–979.

(4) Phythian, Mark (ed.) (2013) *Understanding the Intelligence Cycle*, London, Routledge, p.1.

(5) Phythian (ed.) (2013) p.21.

(6) Phythian (ed.) (2013) p.25.

(7) Gilad, Benjamin (2021) *The Opposite of Noise: The Power of Competitive Intelligence*, Independently published, p.177.

(8) Gilad (2021) p.179.

(9) Clark, Robert M. (2023) *Intelligence Analysis, A Target-Centric Approach* (7th edition), Washington, CQ Press.

(10) Birkinshaw, Julian & Ridderstråle, Jonas (2017) *Fast/Forward, Make Your Company Fit for the Future*, Stanford, Stanford University Press, pp.1, 140.

第3部

情報化時代を乗り切る
新たなインテリジェンス創造モデル

第2部で見たように、「情報化時代」では、デジタル化を背景として爆発的に増加したインフォメーションによって、人々は集中力を低下させ、また情報量の多さに対して相対的に無知になり、「判断・行動による利益の実現に役立つ知識」、つまりインテリジェンスを生み出す力も弱まってしまう。このような状況を本書では、「インフォメーションが増えるとインテリジェンスが減る」という意味で「情報のパラドクス」と呼んだ。

こうして「インテリジェンスを要求する」カスタマーと「要求に応じて情報を収集・分析し、インテリジェンスを生産・配布する」情報サイドがともに弱体化してしまったのが今日の状況である。さらに、インフォメーションが爆発的に増加したこの情報化時代、人々の連結性（つながり）も爆発的に高まり、予測不可能な事態が多発するようになって、多くのインテリジェンス機関が機能を十分に果たせなくなっている。

それでは、私たちが直面している「情報のパラドクス」を克服し、予測困難な事態が多発する世界においてもなおインテリジェンスを生み出すには、どのような組織や仕組みが必要なのだろうか。

第3部では、この問いに答えるために、各国のインテリジェンス機関や企業の最先端の取組み、そして代表的な研究者が提唱するモデルを取り上げて、その理論的特徴と課題を整理する。また、具体的事例も紹介して、それぞれのモデルの現実的な有効性も検証したいと思う。

そのうえで、筆者が考える（あくまで現時点での素案ではあるが）インテリジェンス組織モデルを紹介し、これから皆さんがインテリジェンスを創出するための組織や仕組み、考え方を議論する際の叩き台を提供できればと考えている。

第7章

新モデルに求められる条件

◆伝統的なインテリジェンス・サイクルの機能不全

まず、第1部で紹介した「伝統的なインテリジェンス・サイクル」の特徴をおさらいしておこう。

このモデルの特徴は、ステップ1「リクワイアメント伝達」に見られるカスタマーと情報サイドの間の（上位下達型）上下関係と、ステップ2・3「インフォメーションの収集→分析→インテリジェンスの生産」に見られる情報サイドの（縦割り型）分業という、ビューロクラシーである。このモデルは、「大量生産」型の知識が必要とされた「産業化時代」には最適に機能した。

しかし、第1部で見たとおり「情報化時代」を迎えると、一方のカスタマーは自らの利益を自覚することが難しくなり、他方の情報サイドは情報の洪水を前に「相対的無知」の状況に陥り、双方

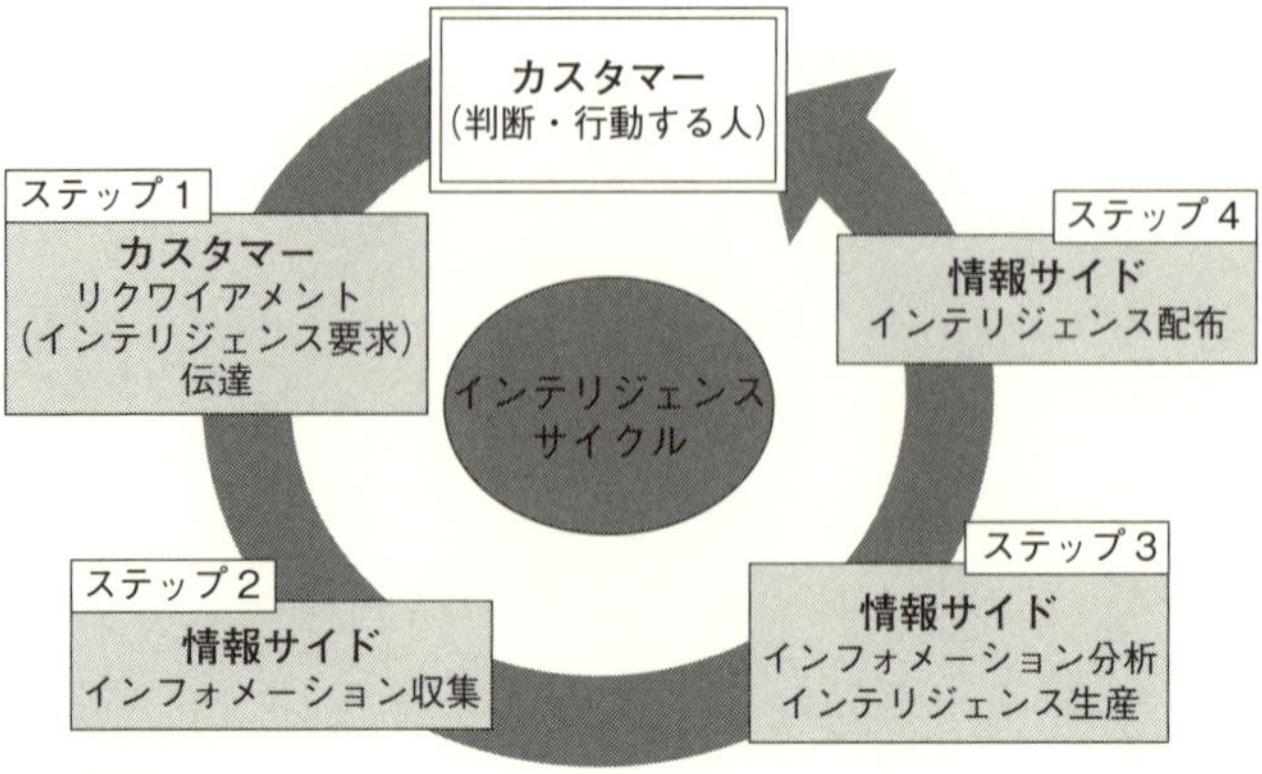

図7.1　伝統的なインテリジェンス・サイクルの基本要素（図2.3を再掲）

出所：筆者作成。

が弱体化してしまった。こうして「伝統的なインテリジェンス・サイクル」は機能不全に陥ってしまったのであった。

◆上下関係から対等な関係へ

では、どうすればよいのだろうか。一つのヒントは、このモデルの特徴である上意下達型の上下関係を変えることである。図7・1からも分かるように、伝統的なインテリジェンス・サイクルでは、カスタマーと情報サイド、また情報サイド内のインフォメーション収集担当と分析担当が、意識的に分断されている。これは、特定の部門が強くなりすぎて、他の部門に悪影響を及ぼさないよう——例えば、カスタマーが強くなりすぎて情報サイドの情報収集・分析活動の客観性・合理性が損なわれたり、逆に情報サイドが強くなりすぎてカスタマーの利益認識や判断が歪められたりしないよう——相互に抑制・牽制するという目的・利点があった。

しかし、半面では相互の連携・協働も抑制されてしまうため、「情報化」の大波によって各部門が弱体化すると、誰もサイクルを上手く回転させられず、インテリジェンスを生産できなくなってしまった。そのため、インフォメーションが増加したにもかかわらず（むしろ、増加したからこそ）、インテリジェンスが減少するという「情報のパラドクス」が、人類の歴史上で初めて起こったのであった。

このような状況を乗り越えるために、まず弱体化したカスタマーと情報サイドの立場をより対等にし、互いを緊密につなげてみてはどうだろうか。そして、情報サイドの支援によりカスタマーの「利益の自覚」を促進するのである。

当然、そのように相互の連携を強めれば、情報サイドがカスタマーの「利益の自覚」を「操作する」といった弊害も予想される。しかし、そうした犠牲を払ってでも（あるいは、それには別途に対処することとして）、まずは「利益の自覚」を優先するのだ。

なぜなら、何度も繰り返すように、インテリジェンスとは「判断・行動による利益の実現に役立つ知識」であり、「利益の自覚」がない限り、インテリジェンスを生産することは決してできないからだ。

そして、もしそのようにして「利益を自覚」できたなら、当然ながら、その利益は「自覚」した瞬間にカスタマーと情報サイドの双方で共有される。そうなれば、「情報化時代」の到来で困難になったステップ1「リクワイアメント伝達」がそもそも不要になるだろう。

しかし、ここにも問題はある。はたして、情報サイドは適切に「利益を自覚」できるのか。そもそも情報サイドが利益認識を誤る危険を恐れたからこそ、部門間を分断して上意下達関係を徹底しようとしたのではなかったか。

まさに、そのとおりである。実際、情報サイドがカスタマーと一体・一丸となって「利益の自覚」機能を担い得るのかどうかは、歴史的にも疑問視されてきた課題であり、一歩間違えば、情報サイドが「利益を自覚する」どころか、カスタマーに気に入られそうなインテリジェンスのみを生産して配布し、カスタマーの利益が損ねられるという事態にもなりかねない。この点については追って本章でも言及するが、詳しくは第8章以降の具体的モデル・事例を通して検証していきたい。ここではひとまず、このジレンマとも言うべき問題を頭に入れたうえで、先へ進もう。

◆垣根を低くして、かつ逆回転を

もう一つ、課題克服への重要なカギになるのが、ステップ2と3におけるインフォメーションの収集と分析、そしてインテリジェンスの生産という分業、つまり「縦割り」による弊害の打破である。

「情報化時代」には、カスタマーだけでなく情報サイドの収集担当・分析担当も弱体化しており、相互に緊密に協力し合わなければ、いずれもその機能を果たすことができない。では、何をすればよいのか。

まずは、「ステップ2の次に3」というシークエンス的発想の排除を提案したい。要するに、「順番にこだわるな」ということだ。情報収集の担当者が集めたインフォメーションを分析官が分析すると、その結果を収集担当と素早く共有する（＝伝統的インテリジェンス・サイクルの逆回転）。分析結果を共有した収集担当者は、その結果に基づいて、さらなるインフォメーションを収集し、それを受け取った分析官がより質と精度の高いインテリジェンスを生産し、カスタマーに配布する。こうして、従来はカスタマーからリクワイアメントを受けなければ行動できなかった情報収集担当が、次のリクワイアメントを待たずに行動できるようになり、より迅速なインテリジェンスの生産が可能となる。

さらに、このプロセスにカスタマーが関与したとき、何が起こるだろうか。カスタマーである政治的指導者や企業幹部は、情報サイドが接触できないようなハイレベルのインフォメーションを保持していることもある。さきほど「情報サイドは適切に利益を自覚できるのか」と問うたが、こうしたハイレベルのインフォメーションが共有されれば、情報サイドの制約が緩和され、カスタマーとともに「利益を自覚」しやすくなる。

さらにカスタマーは、生産されたインテリジェンスの配布を待つのではなく、生産されつつあるインテリジェンスに接することで、より早く判断・行動できるかもしれない。むろん、この時点で受け取ることができるのは、「とりあえずのインテリジェンス」にすぎないため、カスタマーの行動も「とりあえず行動してみる」「とにかく行動してみる」といった小さな判断・行動にとどまるだろう。

しかし、その「小さな判断・行動」から、逆にインテリジェンスが生まれることもある。実は、この「行動によってインテリジェンスを生み出し、さらなる行動につなげる」というインテリジェンス・サイクルの「逆回転」が、「情報化時代」を迎えて重要になっている。この点は、第8章以降で具体的に検討することにしよう。

◆「インテリジェンスの政治化」を克服する

ただし、ここでも、やはり問わねばならない。情報サイドは適切に「利益を自覚」できるのか。カスタマーと情報サイド、情報サイド内の各部門が接近すればするほど、相手が望む結果を導きやすい情報・知識がもたらされる危険はないか。あるいは、自らが望む結果をサポートする情報・知識のみが配布されてしまう危険がありはしないか。第2部でも見たように、こうした「インテリジェンスの政治化」を防止するためにこそ、両者は峻別されなければならなかったのではないか。

この疑問は正当であり、我が国を含めて世界中でよく見られる光景でもある。しかし、見方を変えれば、これはカスタマーが上位に位置しているからこそ起こる話でもある。

つまり、カスタマーと情報サイドが上下関係を超えて対等な立場で、緊密につながり、双方が共通の利益を自覚・共有できれば「インテリジェンスの政治化」の問題は回避できる。カスタマーも情報サイドも、共有された利益を損ねるような事態を望むはずがないからだ……理論上は。

この「インテリジェンスの政治化」の問題について、元ＣＩＡのインテリジェンス研究家ロバート・クラークは、次のように政治化の危険性を指摘しつつ、それでもカスタマーをインテリジェンス生産のプロセスに関与させることのメリットを強調している。

カスタマーの参加は、「インテリジェンスの政治化」の危険性を高める可能性がある。しかしカスタマーの不在は、生産されたインテリジェンスが使用されなくなる危険性を高める。さらにカスタマーが不在では、カスタマーだけが与えられる洞察（insight）を、インテリジェンスを生産するときに利用できなくなるという危険性も高めてしまう。カスタマーが積極的にインテリジェンス生産のプロセスに参加することは、分析の質を高めるのみならず、生産されるインテリジェンスの質をも高めることになる。つまりカスタマーの参加は貴重であり、結果としてカスタマー自身が、生産されたインテリジェンスに自信を持つことができるので、その分、自らインテリジェンスを利用する可能性も高まる。(1)

つまり、今日「インテリジェンスの政治化」を防ぐためにカスタマーと情報サイドの緊密化を阻むことは、むしろ利点よりも弊害のほうが大きいということだ。「情報化時代」においては、もはやカスタマーと情報サイドの対等で緊密な協力なしに質の高いインテリジェンスを生み出すことも活用することもできないからだ。

ただし、「インテリジェンスの政治化」の危険が消えたわけではない。「情報化時代」ではインテリジェンスを生産できないことがより深刻な課題となったため、第一に「インテリジェンスの生産」を考え、そのなかで「インテリジェンスの政治化」を抑制するというように、対処すべき課題の優先順位を入れ替えなければならないということだ。

◆されど「ビューロクラシー」

ここまで、「上下関係」「縦割り」といったビューロクラシーの弊害を取り除くべき理由を説明してきた。しかし、第2部の末尾で述べたとおり、それでもなお最低限のビューロクラシーは残さなければならない。ビューロクラシーには、上下関係を明確にして組織の秩序を維持し、分業により作業の重複を回避して組織効率を高めるというメリットがあるからだ。

しかし、「カスタマーと情報サイド、および情報サイド内のインフォメーション収集担当と分析担当とが、上下左右にしっかりとつながる」というのは、ビューロクラシーと矛盾する。はたして、両者は両立し得るのか。具体的には第8章以降で検討することとし、ここでは「ビューロクラシーを捨て去る」のではなく、「ビューロクラシーを薄める」という考え方の方向だけを覚えておいてもらえれば十分だろう。

◆新たなインテリジェンス・モデルの条件

以上をまとめると、「情報化時代」に相応しいインテリジェンス生産のモデルは、次の特徴を備えていなければならない。

第一に、「情報化時代」に弱体化したカスタマーと情報サイドが上下関係を超えて対等な立場で、緊密につながっていなければならない。それにより、インテリジェンス生産の前提となる利益の自覚が起こる可能性が高くなる。

第二に、情報サイドにおけるインフォメーションの収集と分析という分業による縦割りが打破される必要がある。そうしてこそ、カスタマーとともに弱体化した情報サイドは、インテリジェンスを生産する可能性を高めることができる。

第三に、情報サイドによるインテリジェンスの生産には、カスタマーも関与できなければならない。それにより、情報サイドはカスタマーが有するインフォメーションをも利用でき、かつカスタマーは生産されたインテリジェンスに基づき判断・行動を起こす可能性を高めることができる。

そして第四に、以上の3つの特徴はビューロクラシーと真っ向から対立するが、効率的な組織運営には最小限のビューロクラシーが不可欠なため、「ビューロクラシーを薄める」ことで両者が共存できるモデルを構想しなければならない。

ここで重要になるのは「モデルはマインドセットだ」という点だ。どのようなモデルを採用するかによって、組織の構成員の思考や行動のパターンが規定されてしまう。だからこそ、組織が生き残りを図り、繁栄しようとするなら、「情報化時代」にマッチしたモデルを追究し、それを実現していかなければならない。

以上で、新たなインテリジェンス・モデルを追究するための指標が揃った。しかし、このようなモデルは、実現可能なのか。それとも、机上の空論にすぎないのか。実は、多くのインテリジェンス研究者がそれに近いモデルを構想・提唱しており、そのなかには実際に政府や企業で採用されているものもある。

この第3部では、最新のインテリジェンス・モデルやそれらを検証するための事例を紹介する。この「情報化時代」に役立つモデルを、一緒に探っていこう。

【注】

(1) Clark, Robert M. (2023) *Intelligence Analysis, A Target-Centric Approach* (7th edition), Washington, CQ Press, p.81.

第8章

アクター統合促進型モデル
――カスタマーと情報サイドを連携させる

まずは、第7章で示した第一の条件「カスタマーと情報サイドが対等な立場で緊密につながる」ことを追究したモデルを紹介しよう。これは、英国政府でインテリジェンスの実務に携わった後、インテリジェンス研究家として活動するジュリアン・リチャーズが提唱しているもので、「アクター統合促進型モデル」と呼ばれる(1)。

英国政府でほぼ20年にわたりインテリジェンスと国家安全保障の実務に携わったリチャーズは、上下の権威主義的関係と左右の分業による縦割りをともなう伝統的サイクルが、「情報化時代」の進展とともに機能しなくなっていくことを実感していたのであろう。

以下、リチャーズのアイデアの特徴を明確にするために、適宜、筆者による簡略化や意訳を交え

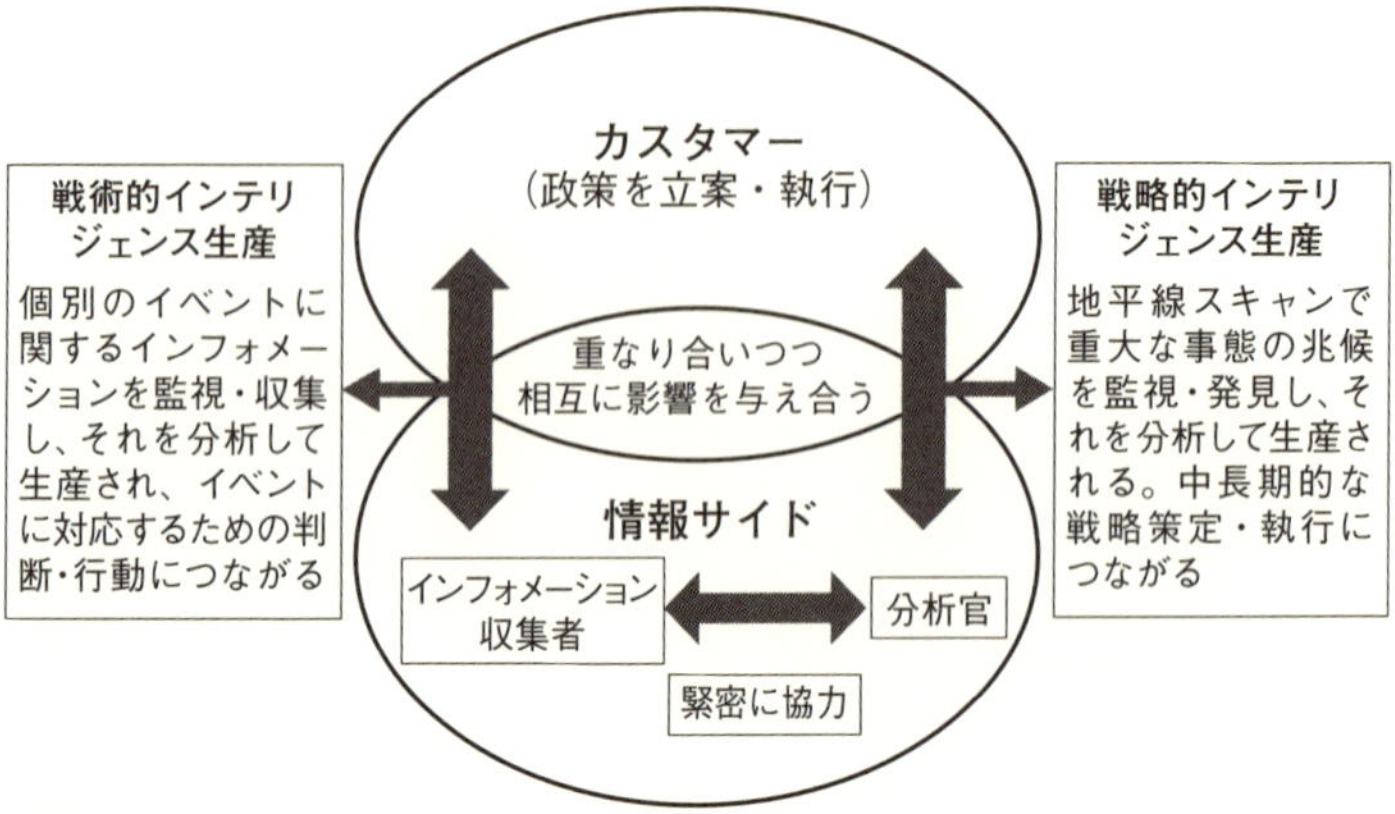

図8.1　アクター（カスタマーと情報サイド）統合促進型モデル
出所：Richards (2013) p.53の図を筆者が簡略化して意訳。

ながら紹介していく。

まずは、図8・1を見てほしい。

◆上下関係と縦割り分業の消滅

まず「アクター統合促進型モデル」における「アクター（参加者）」とは、カスタマーと情報サイドの双方を指している。前章で述べたとおり、個々が弱体化した「情報化時代」には、上下の権威主義的関係と左右の分業による縦割りを排し、より対等な立場で参加者の連携と協働を促進しなければならない。

図には、カスタマーと情報サイドが重なり合いつつ、双方向の矢印で（つまり対等に）相互に影響を与え合うことが表されている。従来はカスタマーから情報サイドへ一方的にリクワイアメントが伝達され、情報サイドは生産したインテリジェンスを一方的にカスタマーに配布するだけだった。しかし、ここではターゲット（国家や企業の利益に影響を及ぼす事態の兆候など）に関するインフォメーションが両者間で常時共有される。結果としてカスタマーのインフォメーションで情報サイドが影響を受け、情報サイドのインフォメーションでカスタマーが影響を受ける、という形で、両者によるさらなるインフォメーションの収集につなげることが可能になる。また情報サイドが生産中のとりあえずのインテリジェンスが、カスタマーと共有されることになる。その際のカスタマーのコメントや反応を参考にしつつ情報サイドは、インテリジェンスの生産を続けていくことになる。要するにインフォメーションの収集と分析、そしてインテリジェンスの生産が、両者がお互いに影響を与え合いつつ共同作業で行われていくことになるのだ。

まさに伝統的サイクル・モデルとは対照的なモデルということになるだろう。

リチャーズは、「両者は別個であるにもかかわらず、同時にある程度は重なり合っていなければならない。例えばインテリジェンスの生産者（情報サイド）は、ときにカスタマーの出席する会議で、カスタマーのすぐ隣に着席していなければならない。そうしてこそ、（情報サイドは）カスタマーの目的や、彼らを突き動かしているもの（ドライバー）は何なのかを理解し、それをインフォメーションの収集に活かすことが可能になる」(2)と述べている。

さらに情報サイドを構成するインフォメーション収集者と分析官は、緊密に協力し合うことになる。この点についてリチャーズは、「むろんインフォメーションの収集者には、機微な情報源や、インフォメーション収集能力を秘匿しなければならないといった事情はあるだろう。しかし、それにもかかわらず（情報化時代にあっては）両者がとことん協力し合わなければならない[3]」と述べている（（　）内は筆者補足）。

◆サイクルの消滅

そしてこのモデルでは、「カスタマーのリクワイアメントにもとづくインフォメーション収集」や「インフォメーションの収集のあと分析」といったサイクルの回転による、順序立てて作業を行うというシークエンスが消滅している。このモデルでは、インテリジェンスの生産はサイクルの回転ではなく、カスタマーと情報サイドが時に重なり合って相互に働きかけ合う過程で生まれてくる、という新しい形で行われるのである。

◆戦略的インテリジェンスと戦術的インテリジェンス

最後にこのモデルでは、カスタマーと情報サイドが相互に影響を与え合うことにより、戦略的インテリジェンスと戦術的インテリジェンスの双方が生産されることになっている。

戦略的インテリジェンスとは、中長期的な戦略、例えば「今後5年間の国家戦略（企業戦略でも同様）」の策定に貢献するインテリジェンスである。モデルに書き込まれている「地平線スキャン」とは、例えば国際情勢（あるいは、市場や業界の情勢）をカスタマーと情報サイドの双方が協働しつつ幅広く監視しながら、国家戦略（企業戦略）に影響を及ぼしそうな重大な事態の兆候を見つけ出すことである。この兆候は、インフォメーションとして分析されインテリジェンスとなって、国家戦略（企業戦略）の策定や修正、さらにはその執行（つまり判断・行動）につながる。

一方の戦術的インテリジェンスとは、個別のイベントに関するインフォメーションをカスタマーと情報サイドの双方が協働しつつ幅広く監視しながら収集して生産されるものであり、イベントに対応するための判断・行動につながる。この判断・行動は、最終的に戦略的インテリジェンスの修正に及ぶこともある。

なお、リチャーズは、「戦術的インテリジェンスと戦略的インテリジェンスは、政府と企業の双方にとって必要だ」として、このモデルがビジネスの世界でも活用されることを期待している。[4]

◆アクター統合促進型モデルの長所と課題

アクター統合推進型モデルの提唱にあたり、リチャーズは「伝統的インテリジェンス・サイクルがここまで生き延びてこられたのは、それがきわめてシンプルだからだ。そこで私は、アクター統合推進型モデルをきわめてシンプルなものにした」と述べている。[5]

このモデルでは、カスタマーと情報サイドは双方向で影響を与え合っており、権威主義的関係を排している。また、インフォメーション収集者と分析官を情報サイドとして一括りにし、両者が「緊密に協力し合う」ことで縦割りの克服を目指している。確かにきわめてシンプルでありながら、「情報化時代」に相応しいモデルとして評価できるだろう。

ただし、インテリジェンス生産の原点となる「利益の自覚」をどう実現するかが明示されていない。唯一「地平線スキャン」という形で、カスタマーと情報サイドが相互に影響を与えつつ重大な事態の兆候を監視し、インテリジェンス生産のきっかけ（つまり「利益の自覚」）を作り出そうという点が盛り込まれている。あるいは、伝統的インテリジェンス・サイクルと同様、カスタマーが独自に利益を自覚することが想定されているのかもしれない。いずれにせよ、情報サイドのインテリジェンス生産力を強化することに焦点を当てたモデルであり、カスタマーが直面する問題は、依然として解決されていないと言わざるをえない。

こうした課題もあるためか、リチャーズのモデルが実際に採用された例は、現段階ではほとんど見当たらない。しかし「地平線スキャン」を、カスタマーと情報サイドが対等に、相互に影響を与え合いつつ行うべき、という提言が行われた例はある。それを次に紹介しよう。

CASE 1

「地平線スキャン」でバイオエコノミーを守る!

２００９年にＯＥＣＤが提唱したバイオエコノミー。それは、石油や石炭などの資源が枯渇し、その一方で人口が増加し、また地球温暖化などの地球環境問題が深刻化する現代において、バイオマス（生物資源）やバイオテクノロジーを大いに活用しながら経済成長の実現を目指すという経済活動全般もしくは考え方のことをいう(6)。

しかしそれを実現し、維持するのはなかなか困難である。過度のイノベーションや経済成長が、バイオエコノミーの実現や維持と矛盾してしまうからだ。では、どうしたら両者を両立できるのか。

その可能性を探るべく、２０１９年に米国に設立されたのが「バイオエコノミー防衛委員会」であり、そこでの４回にわたる議論から生まれた合意（コンセンサス）が、翌２０２０年に全米科学アカデミー、全米技術アカデミー、全米医学アカデミーの連名によるレポート『*Safeguarding the Bioeconomy*』として公表された(7)。

そして、このレポートが推奨しているツールが、リチャーズの「アクター統合促進型モデル」で提案された「地平線スキャン」である。具体的には、バイオエコノミーの実現や維持を脅かすような事態が生じていないか、生じている場合にはどれほど深刻かを、官民の関係者が常時監視し、関連するインフォメーションを共有しつつ、バイオエコノミーの将来のための政策を立案・執行するのである。

このレポートでは、カスタマーと情報サイドの役割を次のように想定する。

まず、バイオエコノミー関連の政策立案・執行に携わる、つまりカスタマーにあたる米国商務省と米国科学委員会（National Science Board）および米国科学財団（National Science Foundation）が協働して、米国のバイオエコノミーに関するインフォメーション収集を強化すべき、と勧告する。

次に、商務省（カスタマー）が、官民双方のバイオエコノミーのエキスパート（情報サイド）と連携しつつ、彼らが「地平線スキャン」で収集するインフォメーションを共有し、政策の立案・執行に活かしていくのである。

なぜ「地平線スキャン」が必要になるのか。それは、バイオエコノミーの将来に関連する分野があまりに広範なため、事前にターゲットとすべき分野を絞り込むことが困難なためだ。少しでもバイオエコノミーの将来に関連する可能性があるさまざまな分野の関係者が、文字どおり地平線を常時スキャンし、重大な事態の兆候を見つけて共有し、それに対処する政策の立案・執行につなげるのである。

このレポートで「地平線スキャン」を扱う第6章の結論部分に「このようなプロセス〔地平線スキャン〕を進めるためには、さまざまな分野でのエキスパート〔情報サイド〕と政策立案者〔カスタマー〕の双方が包摂されることが必要である」（〔 〕内は筆者補足）と強調し、両者が対等に、相互に影響を与え合うことにより、スキャンの結果が政策に反映される可能性を高めるべきだと主張している[8]。リチャーズの「アクター統合促進型モデル」のエッセンス、つまり「カスタマーと情報サイドが対等に、相互に影響を与え合うことで、情報サイドがカスタマーを理解しつつインフォメーションを収集する」が盛り込まれた例だと言えるだろう。

【注】

（1）Richards, Julian (2013) "Further questions about the Intelligence Cycle in the contemporary era", in Mark Phythian (ed.) *Understanding the Intelligence Cycle*, London, Routledge, pp.52–53.
（2）Richards (2013) pp.52–53.
（3）Richards (2013) p.53.
（4）Richards (2013) pp.52–54.
（5）Richards (2013) p.53.
（6）一般財団法人 環境イノベーション情報機構による定義。（https://www.eic.or.jp/ecoterm/?act=view&ecoword=%A5%D0%A5%A4%A5%AA%A5%A8%A5%B3%A5%CE%A5%DF%A1%BC）
（7）National Academies of Sciences, Engineering and Medicine (2020) *Safeguarding the Bioeconomy*, U.S.A.（https://doi.

org/10.17226/25525）

（8） Richards (2013) p.253.

第9章

ターゲット・セントリック・アプローチ
——米国機関で採用されたウィキペディア型協働モデル

本章で紹介する「ターゲット・セントリック・アプローチ」は、第2部で紹介した元ＣＩＡのインテリジェンス研究家ロバート・クラークが考案したものだ。このモデルの原型は、同氏の２００４年の著作で提唱されたが、その後、同書が版を重ねる過程でモデルも洗練されていった。以下で紹介するのは、同書の２０２３年版（第7版）に掲載されたものである。

クラークは、多くの自動車メーカーが、上下関係と分業を特徴とする「産業化時代」型ビューロクラシーから脱却している点に注目していた。そこでは、上下関係も分業も乗り越えて一丸となったチームのメンバーが、相互に影響を与え合いつつ、ますます好みが多様化する消費者の要求に応えられる製品を柔軟に生産していた。

そこでクラークは、「情報化時代」においてはインテリジェンスの生産も同様に行われなければならないと主張して、インテリジェンス・サイクル・モデルに代わる「ターゲット・セントリック・アプローチ」を提唱したのだ。

クラーク以外にも多くの研究者が新しいモデルを提唱しているが、彼のモデルは米国のインテリジェンス・コミュニティの関係者が注目し、採用している点が重要だ。(1) 以下、クラークのモデルを説明するが、その特徴を分かりやすくするため、筆者が補足・意訳を行っている。(2)

◆「ターゲット」のイメージを共有する

「ターゲット」とは、後ほど詳しく説明するが、捜査対象となっている麻薬カルテルや、自国の脅威となっている他国などをイメージすれば理解しやすいだろう。伝統的なインテリジェンス・サイクル・モデルでは明示されなかった「ターゲット」をモデルへ明示的に取り込み、それを中心に据えた点がこのアプローチの最大の特徴である。

まず、図9・1を見てほしい。中央の円が「ターゲットそのもの」であり、それを二つの同心円が囲んでいる。

クラークは、このモデルの目的を次のように解説している。

〔このモデルの〕目的は、「ターゲット」に関する、関係者が共有できるイメージ（原文は「picture」）

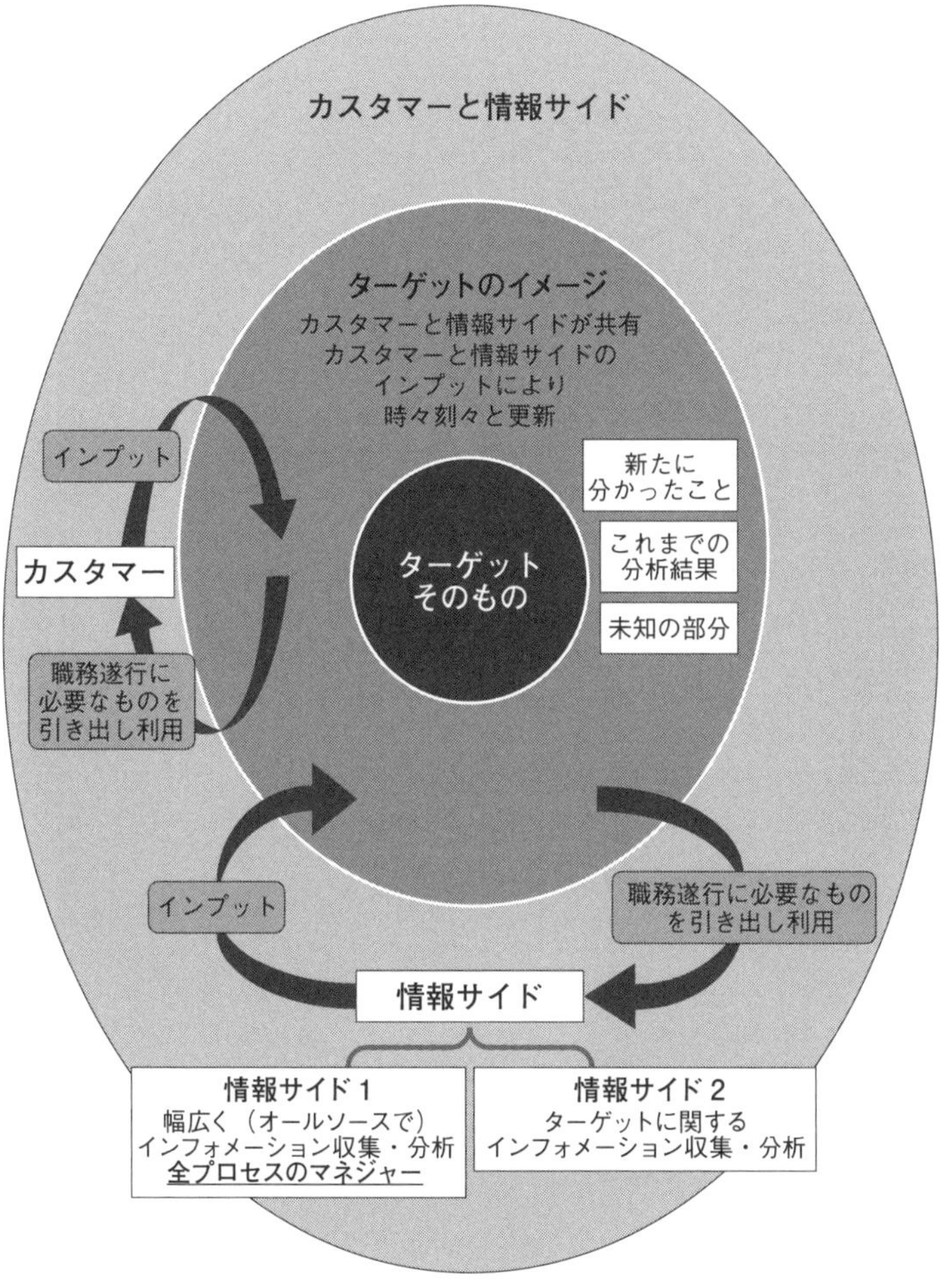

図9.1　ターゲット・セントリック・アプローチ

出所：Clark (2023) p.40の図を筆者が補足・意訳。

を作り出すことだ。すべての関係者〔カスタマーと情報サイドの双方を含む〕がこの作業に、自ら有するリソースや知識を利用して貢献する。そして、すべての関係者が、共有された「ターゲット」のイメージから、自らの職務を遂行するために必要なもの（element）を引き出して利用する。それは、もはやステップが順次行われていく直線的なシークエンスではないし、サイクルですらない。それはネットワークなのだ。[3]（〔　〕内は筆者が補足）

なお、クラークによると、米国のインテリジェンス・コミュニティでは、「ターゲット・セントリック・アプローチ」は「ネットワーク・セントリック・コラボレーション・プロセス」と呼ばれている。[4]

◆「ターゲットそのもの」

図を順に説明していこう。まず、3つある同心円の一番内側に位置しているのが、「ターゲットそのもの」で、クラークによると、それは「相互に関連し合うオブジェクト（人間、場所、物事）のセット」である。後述する事例では、米国とコロンビアが捜査する麻薬カルテルや、米国が警戒する、米国にミサイル攻撃を加えようとするイランなどがターゲットである。

米国は実際にこのアプローチを採用しているが、同国のインテリジェンス・コミュニティを取りまとめる国家情報長官のジェームズ・クラッパーは、2016年に、「ターゲット」を「我々が調査している人間、場所、物事」（傍点は筆者）と定義している[5]。

しかし、このモデルは、ターゲットが明確であることが前提となっている。「情報化時代」の最大の難問である「弱体化したカスタマーや情報サイドが、そもそも調査の対象（ターゲット）を見つけられるのか」という課題には、どう答えるのだろうか。

米国国家地球空間情報局（National Geospatial Agency: NGA）の長官、レティシア・A・ロングは、この疑問に対し「ターゲット・セントリック・アプローチ」で解決できると言う。ロング長官は寄稿した論文の中で、まず分析官がシナリオを作り、それを検証するためにインフォメーションを収集することにより「知られていないこと（unknown）」を知ることが可能になると述べている[6]。言い換えれば、「ターゲット・セントリック・アプローチ」自体にターゲットを発見する機能は内包されていないが、それに先立つシナリオ分析と組み合わせることで、ターゲットを発見しようというのだ[7]。

このシナリオ分析は、本書の第12章「利益集中型モデル」で重要な役割を果たすことになるが、詳細は後述する。

◆「ターゲットのイメージ（picture）」

しかし、ターゲットを発見したと言っても、我々は必ずしもターゲットそのものを見ているわけではない。特定の関心・視点から集められたインフォメーションを分析して形作られた「像（picture）」

を認識しているにすぎないからだ。この「像」は「イメージ」と言い換えても支障ないだろう。情報サイドもカスタマーも、この「ターゲットのイメージ」を通じてターゲットを認識しているのだが、それは情報サイドとカスタマー双方からもたらされるインフォメーションによって時々刻々と更新され、両者に共有されていく。

それが、3つある同心円の1つ外側の円で示されている。

この「イメージ」は、「新たに分かったこと」「これまでの分析結果」「未知の部分」という3つの要素から構成されている。

「新たに分かったこと」とは、情報サイドとカスタマー双方からもたらされた最新のインフォメーションである。それによって、情報サイドもカスタマーもターゲットの最新の姿に近づくことができる。

「これまでの分析結果」とは、それまでに収集されたインフォメーションを情報サイドが分析した結果である。当然だが「新たに分かったこと」がもたらされるたびに、「これまでの分析結果」は逐次更新されていく。

そして「未知の部分」とは、カスタマーが、それまでに共有された「ターゲットのイメージ」では判断・行動のために不十分だと感じる部分である。これを埋めるべく、さらにインフォメーションの収集・分析が行われることになる。

◆カスタマーと情報サイド

最後に、3つある同心円の一番外側にある円を見てほしい。

それが、カスタマーと情報サイドとなる。

カスタマーと情報サイドは「ターゲットのイメージ」を通してターゲットを認識している。両者はそれぞれが収集したインフォメーションをイメージに加えて新たなイメージを作り出し、職務遂行に必要なもの（原文ではelements）を引き出して利用する。カスタマーは、それをインテリジェンスとして判断・行動に役立てるだろう。情報サイドであれば、それをさらなるインフォメーション収集・分析に役立てることになる。

◆2つの情報サイド

図9・1の下部をよく見ると、情報サイドが1と2の2つに分かれている。ただし、インフォメーションの収集と分析とに機能分化しているのではなく、両者はそれぞれ異なるアプローチでインフォメーションの収集と分析を行っている。

まず情報サイド2は伝統的な情報サイドであり、ターゲットに関するインフォメーションを収集・分析する。他方、情報サイド1は、ターゲットにとらわれることなく、幅広くオールソースでインフォメーションを収集・分析するのだが、それに加えて重要な役割がある。それは、この「ターゲット・セントリック・アプローチ」の全プロセスをマネージすることだ。

カスタマーと情報サイドが次々に行うインプット。それを引き出して、次々に行われる職務遂行。しかし、この自律的なプロセスにはマネジャーが必要である。情報サイド1は、インテリジェンス生産活動の全体を眺めて、カスタマーが必要とする「未知の部分」を情報サイド2へ強調・伝達するなどのマネジメントを行い、インテリジェンスの効率的で迅速な生産に対して責任を負うのだ。

◆ウィキペディア型の知識創造

このような「ターゲット・セントリック・アプローチ」が可能になった背景には、ＩＣＴ（情報通信技術）の飛躍的進歩がある。デジタル化されたインフォメーションやインテリジェンスが、離れた場所にいるカスタマーや情報サイドを構成する人々との間で瞬時に共有できることが、このアプローチの前提にあるからだ。

ところで、この「ターゲット・セントリック・アプローチ」は、我々の身近にある何かと似ていないだろうか。そう、ウィキペディアである。つまり、特定の項目（ターゲット）に関心のある人々が、自分が知りたいことを引き出しつつ、同時に自分が知っていることをインプットすることで、その項目の情報が逐次更新されていくのだ。

実は、クラークも自身のモデルがウィキペディアに似ていることを認めている。ただし、誰もがアクセスできるウィキペディアとは異なり、「ターゲット・セントリック・アプローチ」では、参加する者を絞り込んで、秘密の保持を確保する必要があることは言うまでもない。

◆モデルの特長と課題

このモデルは「机上の空論」ではなく、米国のインテリジェンス・コミュニティによって採用され、かつコミュニティの関係者が積極的にコメントしているところから、実用性の高いモデルと評価してよいだろう。

その特長の第一は、リチャーズの「アクター統合促進型モデル」と同じく、カスタマーと情報サイドが等置され、さらに情報サイド1と2の双方がインフォメーション収集と分析を担っている点である。これにより、上下の権威主義的関係や、左右の分業による縦割りといった課題が乗り越えられている。個人が弱体化し、個人間・組織間の緊密な協力が不可欠になった「情報化時代」に相応しいモデルと言えよう。

第二に、インフォメーション・テクノロジーによって空間を超えて緊密につながったカスタマーと情報サイドが、ウィキペディアのごとく「ターゲットのイメージ」を時々刻々と更新しつつ、そこから必要なものを引き出していくという発想が、まさに「情報化時代」に適応したモデルだと評価できるだろう。

第三に、カスタマーが「判断・行動」に向けて不足している「未知の部分」を認識することで新たなリクワイアメントを生み出すことができる点、それを全体のマネジャーである情報サイド1が共有して情報サイド2とともに次なるインフォメーション収集・分析行動につなげる点が重要だ。これは、伝統的なインテリジェンス・サイクルの長所を残しているとも言える。さらに、カスタマーが自身の判断・行動によって得た知識をインプットして「ターゲットのイメージ」を更新し、それを情報サイドがインフォメーション収集・分析に利用できるのも大切な利点である。ここでは、カスタマーも一種の情報サイドとして機能しているのだ。

そして第四に、「情報化時代」には「インテリジェンスに基づいて判断・行動する」という伝統的パターンがますます機能しなくなっており、「まず行動。そこから得られた知識をインテリジェンスとして、さらなる行動につなげる」という逆回転パターンも必要とされる（第12章参照）。「ターゲット・セントリック・アプローチ」は、このパターンも包含したモデルとも言えるだろう。

ただし、「ターゲット」をいかにして特定するかという課題は、やはり残されたままだ。情報の洪水によって個々人が弱体化し、予測困難な事態が多発する社会のなかで、自らの利益を実現するために克服すべき課題は何か、対処すべき脅威は誰か。そうした「ターゲット」を、誰が、どのように探索し、発見すればよいのだろうか。

国家地球空間情報局のロング長官は、シナリオ分析と組み合わせる手法を提案しているが、そうした課題・脅威を探索・発見する過程をも包含したモデルを構想することはできないだろうか。この難問については、次章以降も引き続き検討していこう。

ところで、この「ターゲット・セントリック・アプローチ」は、現実にはどのように機能するのだろうか。クラークは、１９９３年と２０２０年に実際に起こった事例を用いて考察している。以下、抜粋・要約のうえ紹介しよう。

CASE 2

コロンビア麻薬王の最期[8]

時は1993年12月2日。

コロンビア警察のマルティネス警部補は、コロンビア第2の都市メデジンの街路を警察車両で移動しつつ、コンピュータのディスプレイに表示されるシグナルを眺め、ヘッドフォンの音に耳を傾けていた。聞こえてくるのは「メデジン・カルテル」を牛耳る麻薬王エスコバルと息子の携帯電話による会話である。

ディスプレイ上のシグナルとヘッドフォンから聞こえる会話は、車両の移動に伴い強くなったり弱くなったりする。ここだ、と思われる家の隣に車両を駐車させたマルティネスが車から降りて2階の窓を見上げると、肥満した男が携帯電話を手にしているのが目撃された。次の瞬間、男は踵を返すとともに、携帯電話の会話は終了した。マルティネスは、作戦司令官に「奴（エスコバル）の居場所を確認。この家の中にいる」と通報。司令官はただちに全部隊の集結と家の包囲を命令。 5

人の警察官が正面玄関から突入し、銃撃戦となった。10分後、銃撃戦は止み、家の屋上でエスコバルの死体が発見された。

この結末に至るまでには1年以上を要したのだが、そのプロセスを図9・2で確認していこう。図の中央には「ターゲットそのもの」、つまり「メデジン・カルテルのネットワーク」があり、それはリーダーのエスコバルと、彼を囲むコカ供給者、コカ精製者、および運送・販売担当で構成されている。米国とコロンビアの捜査当局は、1年以上にわたって調査と分析を積み上げ、共有し、メデジン・カルテルのネットワークの「イメージ」を繰り返し描き直して、その実像に迫っていった。そして、ついにエスコバルを追い詰めたのである。

この米国とコロンビアの捜査当局が、図9・2の「カスタマーと情報サイド」に当たるのだが、その構成員は多彩である。この事例の特徴は、メデジン・カルテルという巨大なネットワークのリーダーを追い詰めるために、多数のアクターがネットワークで結ばれ、緊密に連携した点にある。そして、「ターゲット・セントリック・アプローチ」は、こうしたネットワーク型のアプローチが必要なケースにおいて、実に有効なのである。

まず情報サイドは、コロンビアの治安管理局などと、米国のCIAなどの情報組織が該当する。次にカスタマーは、コロンビア側が、司法当局、警察の作戦部隊、軍、そしてコロンビアに駐留する米国の支援軍などである。そして米国側は、司法当局、沿岸警備隊、税関、そして軍などが関与していた。

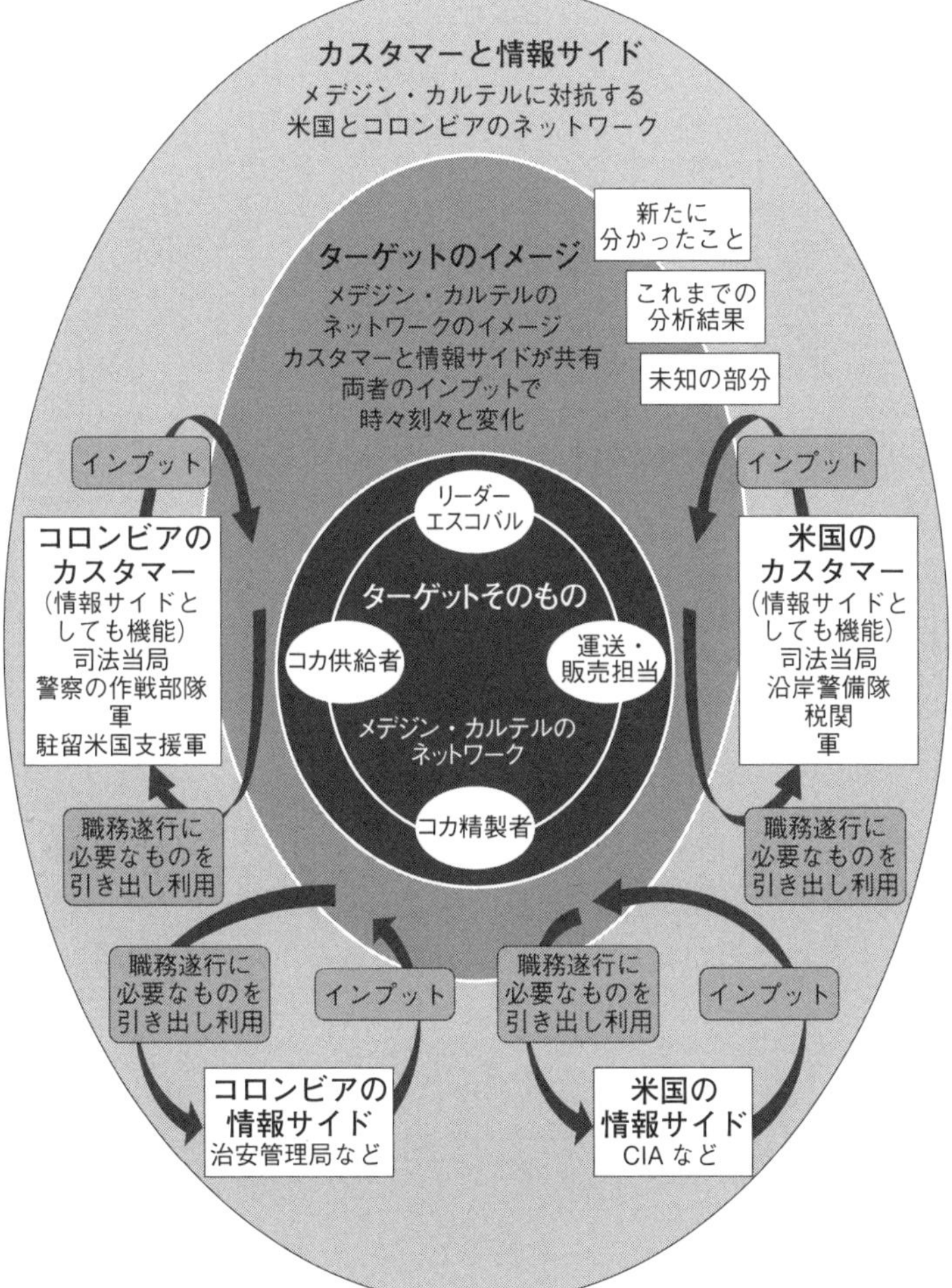

図9.2　メデジン・カルテルに対して使われた「ターゲット・セントリック・アプローチ」

出所：Clark (2007) p.21の図を筆者が補足・意訳。

ここで重要なのは、情報サイドとカスタマーの双方がインフォメーションの収集・分析に従事し、「ターゲットのイメージ」として共有していった点である。例えば、コロンビア側のカスタマーである司法省は、エスコバル本人に関する捜査の過程で得られたインフォメーションを、そして米国側のカスタマーである司法省は、エスコバルのネットワークの麻薬運送や販売のためのインフラ（大半は米国領内にある）に関する捜査で得られたインフォメーションを、他のカスタマーや情報サイドと共有し、結果としてエスコバルを追い詰めることに成功した。

これは、カスタマーがインテリジェンスを獲得して判断・行動した結果、情報サイドが得られないようなインフォメーションを入手し、新たなインテリジェンスを生み出した例と言える。

先に述べたとおり、「情報化時代」には「まず行動。そこから得られた知識をインテリジェンスとして、さらなる行動につなげる」という伝統的インテリジェンス・サイクルの逆回転のようなパターンもまた必要とされるのである。

その背後には、エスコバルが、メデジン・カルテルというネットワークによって厳重に囲まれているという事情があった。そのような人間を追い詰めるためには、インフォメーション収集の対象をエスコバル本人のみならず、彼の家族、カルテルを構成するコカ供給者、コカ精製者、運送・販売担当、彼の取引銀行、さらにコロンビア政府内に潜伏する彼のスパイなどにまで広げざるを得ない。

ネットワークに対抗するためには、こちらもネットワーク、ということで「ターゲット・セントリック・アプローチ」が、特にこのケースで不可欠であったゆえんである。

CASE 3

アル・アサド空軍基地へのミサイル攻撃に対処せよ！[9]

2020年1月3日。

イランのカーセム・ソレイマーニー少将は、シリアのダマスカスから空路、イラクのバグダッド国際空港に到着した。15分後、少将らの乗った車列が空港を出発するや、米国のMQ-9リーパー無人攻撃機が車列に向けて3発のヘルファイア・ミサイルを発射、全乗員が死亡した。

ソレイマーニーはイスラム革命防衛隊の特殊部隊「ゴドス」軍の最高司令官であり、イランでは2番目に有力な人物とされていた。この攻撃は「ソレイマーニーが、イラクに駐留する米軍への攻撃計画を完成させるためにイラクにやって来た」と確信した米国政府によって遂行された。イランのナンバー2を殺害したのだから、米国は当然のことながら何らかの報復を予想した。

この攻撃から数日後、米国の情報サイドは、イランによる弾道ミサイル発射に向けた動きを把握する。そして1月7日、米軍が駐留するイラクのアル・アサド空軍基地のインテリジェンス・オフィサーは、司令官に次のような不吉な報告をせねばならなかった。

収集した情報によれば、イランが27基の中距離弾道ミサイルに燃料を注入している模様。その目的は、この基地の完全なる破壊であり、そうなると我々は全滅するでしょう。

アル・アサド空軍基地には、ミサイル防衛システムがない。犠牲者を減らす唯一の選択肢は、50機以上の航空機と、1千人以上の駐留軍を退避させることでしかなかった。

しかし、攻撃はいつ行われるのか?

イランの情報機関は、自前の偵察衛星を保有していないので、商用衛星画像会社からアル・アサド空軍基地の画像を購入することでモニターしている。退避が早過ぎれば、イラン側は間違いなくそれに気づいて攻撃を延期するだけで、結局、攻撃は行われるだろう。

そこで、中東に駐留する米軍の司令官フランク・マッケンジー将軍は、次のように命令を発した。

イランが、最新の商用衛星画像をダウンロードしたところで退避せよ。

その画像でイラン側は、まだアル・アサド空軍基地に米軍の航空機が駐機しており、スタッフが勤務していることを確認するだろう。

これならば、米軍が退避した後、ミサイル攻撃が延期されずに行われることになる。この命令が伝達された後、イランによる商用衛星画像のダウンロードが確認された。直ちに航空機が離陸して退避、さらに駐留米軍の半分が周辺の砂漠地帯に退避し、残りは基地を防衛すべく残留した。

1月8日午前1時20分頃、イランは16発のミサイルをアル・アサド空軍基地に向けて発射、各ミサイルには1千ポンドの高性能爆薬が搭載されていた。基地に残留している部隊は、地下壕に身を潜めて祈るしかない。

壕内のスピーカーが、大音量で警告を発した。

「接近！　接近！　接近！」

接近するミサイルの音は「貨物列車がすれ違う」ような感じであったという。接近音に続き、爆発と大規模な爆風が襲って来た。

結局、11発が基地に命中し、5発が逸れた。爆発の振動により、100人以上が脳に障害を抱えることになった。それでも残留した軍の中に死者が1人も出なかったことは、奇跡と言えるだろう。

ここで、CASE2と同様に、一連のプロセスを「ターゲット・セントリック・アプローチ」に沿って理解していこう。

一歩タイミングを間違えば、アル・アサド空軍基地の航空機と駐留する米兵に大量の犠牲が出たかもしれない際どい状況下、わずか1日足らずという短期間に対処できた背景には「ターゲット・

セントリック・アプローチ」の利用がある。

図9・3の中央には「ターゲットそのもの」、つまり「米国への報復を計画するイラン」があり、それには「イランのミサイル発射基地の動向」や「イランのインフォメーション収集能力」などが含まれる。

その外側に、米国への報復を計画するイランのイメージが描かれており、それに対して、米国のカスタマーと情報サイドの双方が次々とインフォメーションを投入し、時々刻々と更新しつつ共有していった。

では、米国側の「カスタマー」と「情報サイド」はどのように行動したのか。この作戦で「ターゲット・セントリック・アプローチ」がうまく機能した第一の理由は、米軍が過去数十年かけて、軍の作戦担当（カスタマー）とインテリジェンス担当（情報サイド）の緊密な関係を構築していたという点にある。そのため、カスタマーと情報サイドのそれぞれから「ターゲットのイメージ」へのインプットが積極的に行われ、両者が多くの「職務遂行に必要なもの」を引き出し、利用することができた。

まず情報サイドを見ると、画像情報（偵察衛星や偵察機から得られる画像等を解析して得られるインテリジェンス：IMINT（イミント））、信号情報（会話や信号の傍受等によって得られるインフォメーションから生産されるインテリジェンス：SIGINT（シギント））、そして人的情報（情報提供者やスパイ等がもたらすインフォメーションから生産されるインテリジェンス：HUMINT（ヒューミント））が生

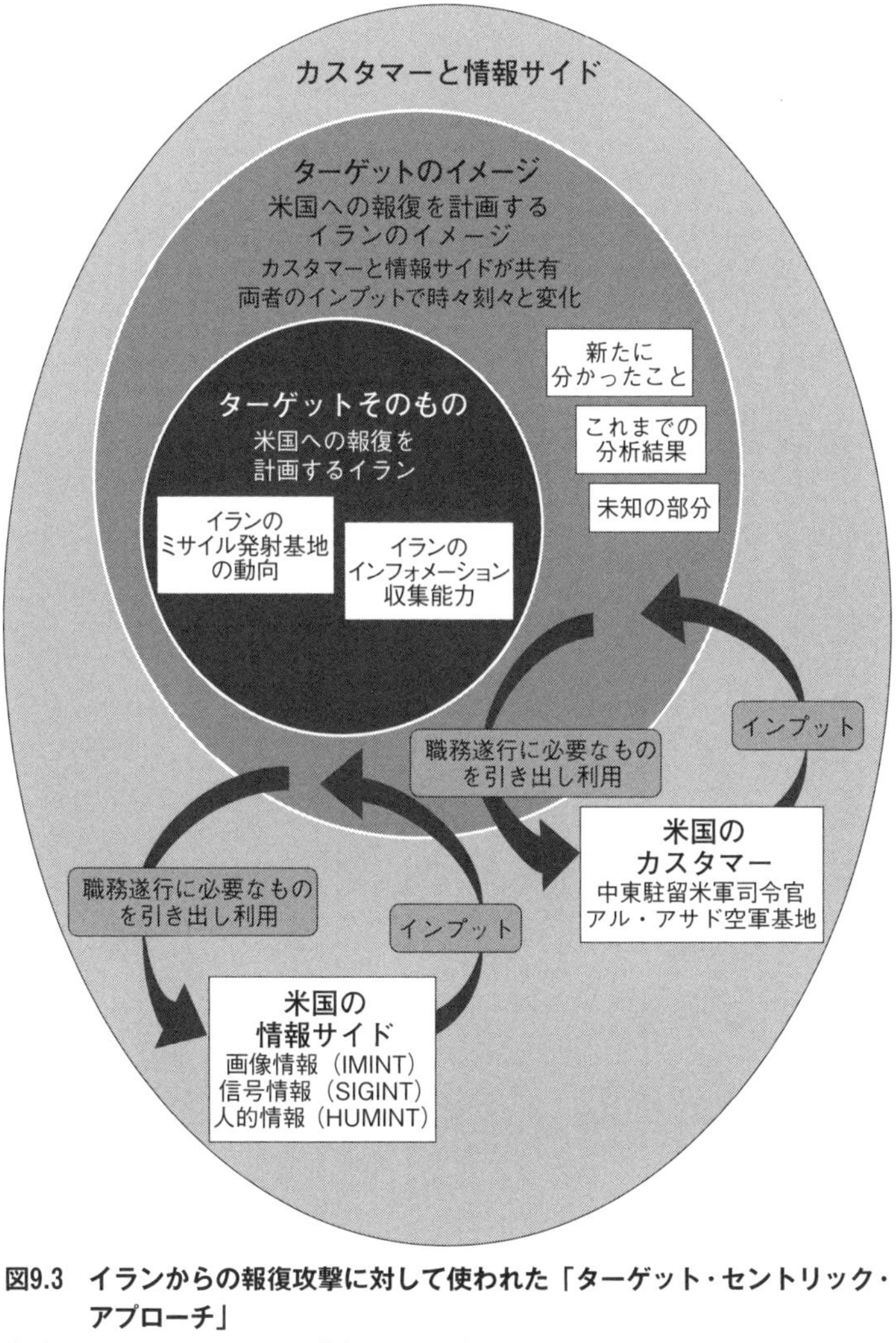

図9.3　イランからの報復攻撃に対して使われた「ターゲット・セントリック・アプローチ」

出所：Clark (2007) p.21の図を筆者が補足・意訳。

産され、「ターゲットのイメージ」としてインプットされて利用された[10]。

米国の情報サイドは、イランのミサイル発射基地を偵察衛星で監視し、ミサイルにいつ燃料が注入されたのかを察知すると、その画像情報を「ターゲットのイメージ」にインプットした。燃料注入の目的については、人的情報と信号情報を組み合わせて、「アル・アサド空軍基地の完全破壊」というイランの意図を察知し、「ターゲットのイメージ」にインプットした。同じく人的情報と信号情報を組み合わせ、イランがアル・アサド空軍基地の最新の商用衛星画像を入手するタイミング（その直後にミサイルが発射される！）を察知し、これも同様に「ターゲットのイメージ」にインプットした。

中東駐留米軍司令官は、これらすべてを組み合わせ、絶妙なタイミングで航空機の退避、駐留米軍の半数の砂漠への退避、そして残る半分の地下壕への潜伏を判断・実行したのだ。

詳細は明らかにされていないが、クラークによると、この事例においても、すべてのインテリジェンスを情報サイドの分析官が生産したのではないという。カスタマーも、そして情報サイドのインフォメーション収集担当も、インテリジェンスの生産に参加した。クラークの次の言葉は、「ターゲット・セントリック・アプローチ」の利点と、それが発揮されるための秘訣を言い当てているようにも思われる。

「カスタマーも、インフォメーション収集担当も、ターゲットに対する貴重な洞察（insight）を持っている。そして双方とも、分析の結果として生産されるインテリジェンスというプロダクトに、自分たちの洞察が含まれることを望んでいた[11]」。

【注】

（1）Clark, Robert M. (2023) *Intelligence Analysis, A Target-Centric Approach* (7th edition), Washington, CQ Press, p.42.
（2）Clark (2023) pp.39–41.
（3）Clark (2023) p.40.
（4）Clark (2023) p.40.
（5）Clark (2023) p.42.
（6）Clark (2023) p.40.
（7）シナリオ分析に関する詳細は、北岡元（２００９ｂ）『ビジネス・インテリジェンス―未来を予想するシナリオ分析の技法』東洋経済新報社を参照のこと。
（8）Clark, Robert M. (2007) *Intelligence Analysis, A Target-Centric Approach* (2nd edition), Washington, CQ Press.
（9）Clark (2023) pp.43–45.
（10）インテリジェンスの種類の詳細は、北岡（２００９ａ）、10-12頁、93-98頁を参照のこと。
（11）Clark (2023) pp.44–45.

第10章 センス・メイキング・モデル
——カスタマーと情報サイドをブリーファーがつなぐ

◆高圧的な経営幹部にインテリジェンスは届かない

さて、国家安全保障の分野からビジネスの分野に目を移すことにしよう。第2部で見たとおり、多くの企業で経営幹部、つまりカスタマーから適切なリクワイアメントが伝達されないため、情報サイドがインフォメーション以上のものを提供できなくなり、インテリジェンスの創出へつながりにくくなっていた。

さらに運良くインテリジェンスが生産・配布されても、経営幹部のスタッフが、幹部が不快になりそうなインテリジェンスを選択して却下してしまうため、幹部本人に届かないという事態も生じている。

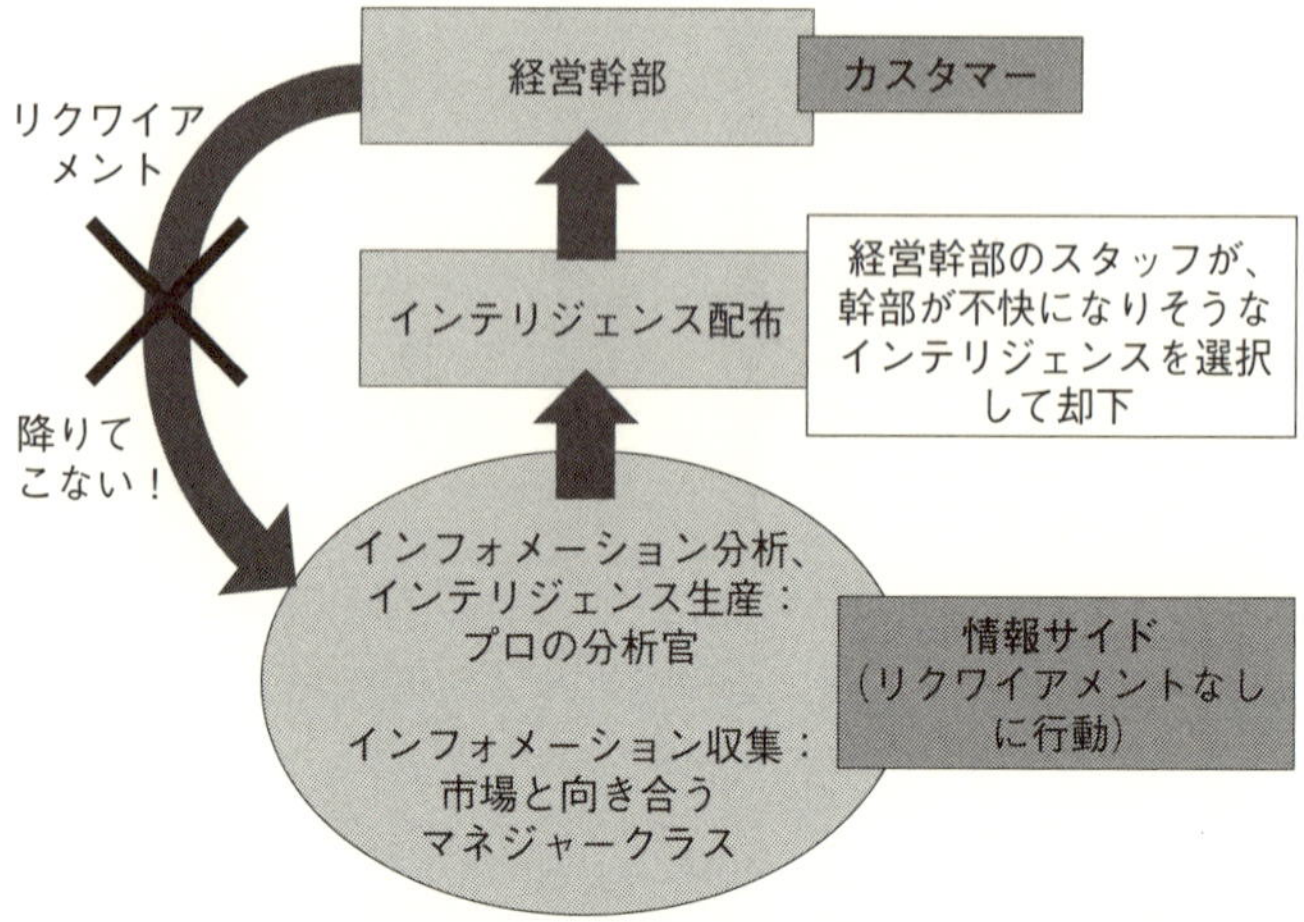

図10.1　ブラック・ホール・モデルと化したヘリング・モデル（再掲）

出所：Gilad (2021) p.177より筆者訳。

つまり、伝統的なインテリジェンス・サイクル・モデル（ヘリング・モデル）が、「ブラック・ホール・モデル」と化してしまうのである。

このような状況に陥った最大の原因は、厳格な上下関係というビューロクラシーである。「ブラック・ホール・モデル（図10・1）」は、経営幹部が、情報サイドと双方向のコミュニケーションに基づく緊密な関係を築こうとしないために生じる。経営幹部と情報サイドの風通しが悪すぎるのだ。

そして、伝統的なインテリジェンス・サイクルの「成れの果て」とも言える「経営幹部御下問モデル」では、かろうじてリクワイアメントは降りてくるものの、経営幹部の情報サイドに対する「ファクツだけよこせばよい！」とか「お前は、それ以上知る必要はない！」といった高圧的な態度が災いして、経営幹部の判断・行動に必要な、真の意味でのインテリジェンスが生産されなくなってしまう。

◆「センス・メイキング・モデル」とは？

では、このような事態を打開できるモデルはあるか。それが、ビジネス・インテリジェンスの大家ベンジャミン・ギラッドが提唱する「センス・メイキング・モデル」である。

ギラッドによると、「センス・メイキング」とは、インテリジェンスの世界ではファクツや真実や正確さではなく、「出来事の意味の解釈」を意味する。つまり、何かが起こったときに、そして何かが起こりそうなときに、それがカスタマーにとって持つ意味を解釈するのである。言い換えると「それによってカスタマーの利益にどのような影響が及ぶか」を分析してカスタマーに伝達するのだから、まさにインテリジェンスの生産と配布、である。

米国では、ブリーファーが大統領に対して毎日「デイリー・ブリーフ」を対面で行い、さまざまな出来事に関する「センス・メイキング」を行ってきた[1]。ギラッドの「センス・メイキング・モデル」は、まさに米国の大統領に対する「デイリー・ブリーフ」を、ビジネスの世界でも行うべき、というものだ。

以下がギラッドの「センス・メイキング・モデル」である（分かりやすくするために、筆者が適宜加筆し、意訳してある[2]）。

まず図10・2「センス・メイキング・モデル その1」を見てみよう。

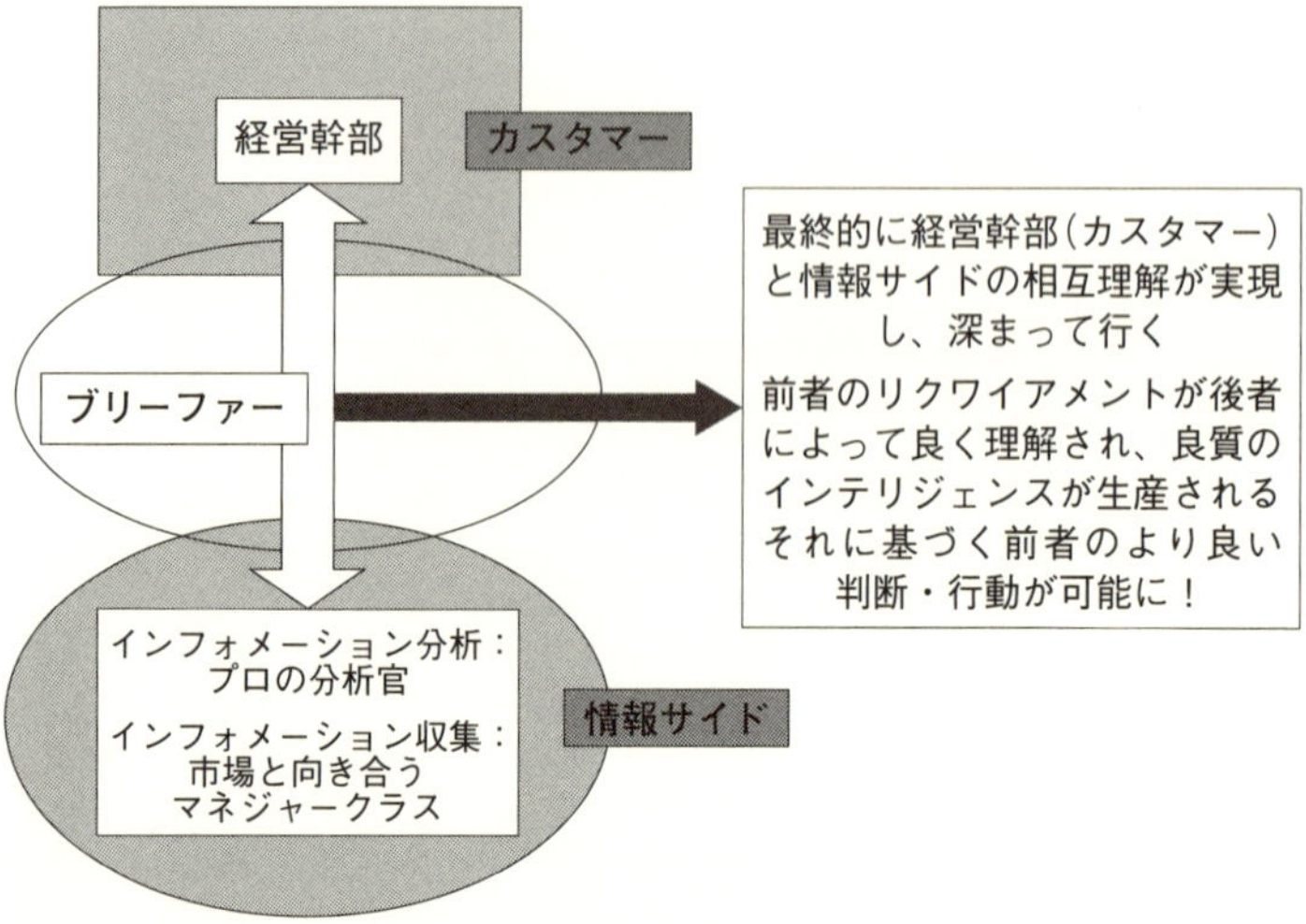
経営幹部
カスタマー
最終的に経営幹部(カスタマー)と情報サイドの相互理解が実現し、深まって行く
前者のリクワイアメントが後者によって良く理解され、良質のインテリジェンスが生産されるそれに基づく前者のより良い判断・行動が可能に！
ブリーファー
インフォメーション分析：プロの分析官
インフォメーション収集：市場と向き合うマネジャークラス
情報サイド

図10.2　センス・メイキング・モデル　その1

出所：Gilad (2021) p.177の図を筆者が補足・意訳。

上下関係が強い企業では、経営幹部と情報サイドを直接対峙させても、双方向のコミュニケーションは決して実現しない。つまり、経営幹部（カスタマー）から適切なリクワイアメントが降りてこないために、経営幹部の判断・行動に役立つインテリジェンスが生産されない（ブラック・ホール・モデル）か、リクワイアメントが降りてきても、ファクツだけを求められるために、こちらでも経営幹部の判断・行動に役立つインテリジェンスが生産されない（経営幹部御下問モデル）。

そこでまず、経営幹部と情報サイドの双方からの信頼を勝ち得ているような人物を「ブリーファー」にして、両者のコミュニケーションを仲介させる。具体的には、まず経営幹部とブリーファー、そしてブリーファーと情報サイドが双方向でつながる。これを続けると、

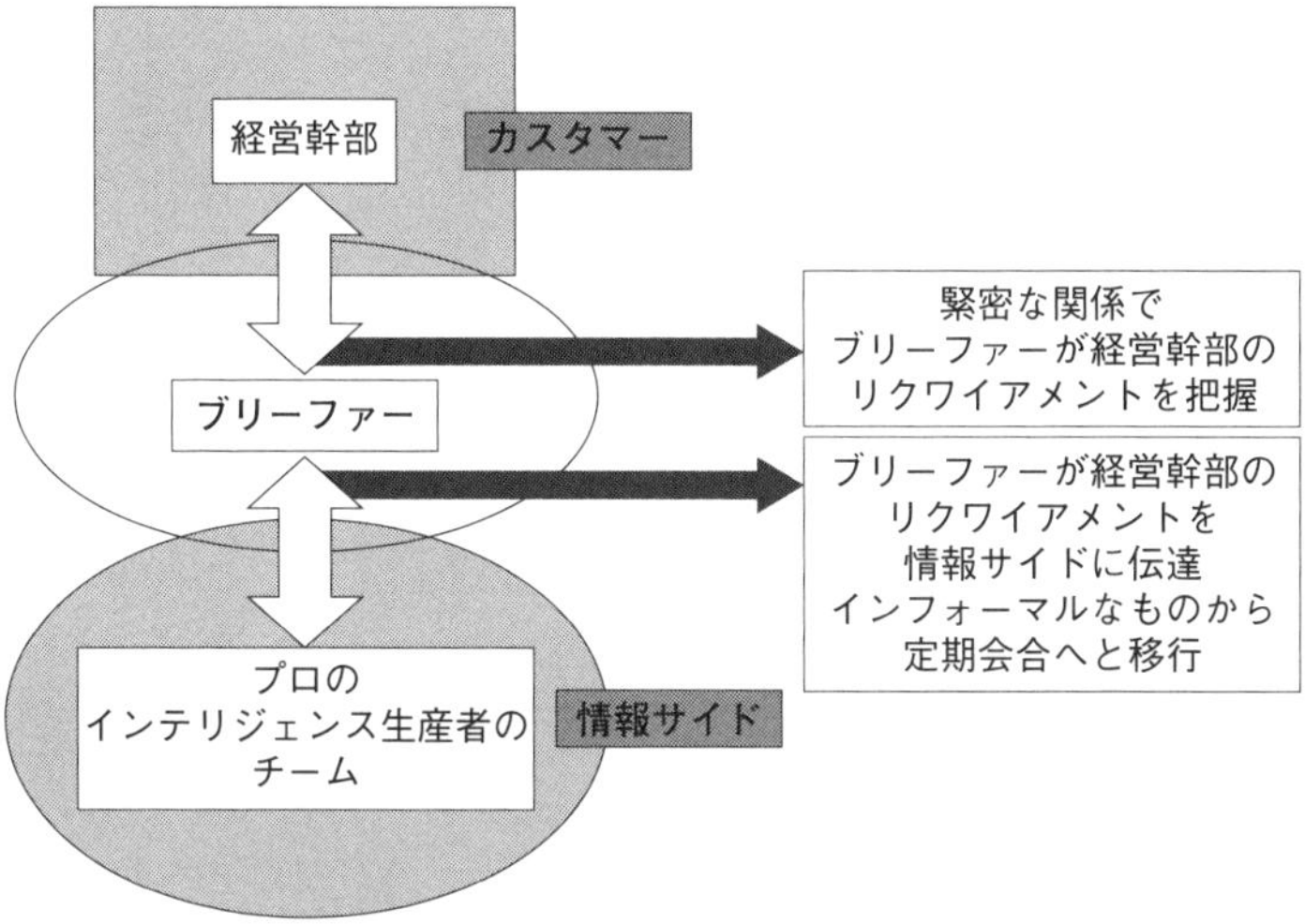

図10.3　センス・メイキング・モデル　その2
出所：Gilad (2021) p.177の図を筆者が補足・意訳。

徐々に経営幹部と情報サイドの間の距離が縮小していく。結果として、どのような状況が生まれるだろうか。

次に、「図10・3　センス・メイキング・モデルその2」を見てみよう。

ブリーファーが介在したおかげで両者の距離が縮小し、相互理解が深まった結果、経営幹部のリクワイアメントを情報サイドがより良く理解できるようになり、結果として良質なインテリジェンスの生産が可能になる。それに基づき、経営幹部のより良い判断・行動が可能になるのだ。

これは机上の空論ではなく、すでに実現している企業も存在するが、事例は後ほど紹介しよう。

◆「ブリーファー」を見つけられるか？

もしあなたが企業に勤めるビジネスパーソンなら、このモデルを見てどう感じるだろうか。効率性が追求される企業組織のなかで、「ブリーファー」は「本来ならいなくてもよい」無駄な人物だと思うかもしれない。よくメディアで取り上げられる自由でフラットな先端企業では、たしかに不要かもしれない。一方、どんな組織を作ろうとも、「こういう潤滑油的な人がいないと、組織は動かない」とつくづく共感する人もいるだろう。なまじ歴史があって旧態依然とした社風が残っている企業では、日常的に目にする光景かもしれない。

ビジネス・インテリジェンスの大家であるギラッドが、カスタマーと情報サイドのコミュニケーションを改善する唯一の方法として「カスタマーと情報サイドの双方から信頼されているブリーファーを見つけること」を提唱したのも、米国でそのような企業の実態を数多く見てきたからだ。

ただし、このモデルの最大の難点は、ギラッドが構想する理想的なブリーファーが見つかったときに限り、うまく機能する、という点だ。あまりに属人的要素が大きく、普遍的な組織設計モデルとしては採用しにくい。仮に採用する場合は、ブリーファーとなる人材が備えるべき条件やその訓練方法などまでをパッケージとして整備する必要があるだろう。

それでも、ブリーファーは実際に米国大統領府で活躍しているし（時の大統領にもよるが）、成功すれば大きな力を発揮し、組織に貢献できる。それでは、幸運にも、理想的なブリーファーが見つかるとどうなるか。ギラッドが紹介するケーススタディを、お楽しみいただきたい。

CASE 4

ブリーファーで企業のビューロクラシーを乗り越える![3]

◆1人のブリーファーが組織を変える

4万5千人近い社員を擁し、エネルギー部門を中心に多分野をカバーするグローバル企業の例を紹介しよう。

この企業におけるブリーファーは、1人の主任エコノミストだ。彼女は高い教育を受け、その専門知識ゆえに尊敬を集め、エネルギー・ビジネスの本質を的確に理解している。経営幹部からも信頼されているが、同時に情報サイド（6人で構成されるプロのインテリジェンス生産チーム）の信頼も勝ち得ている。プロのインテリジェンス生産者たちは、ブリーファーたる彼女の定期的なフィードバックと指導に助けられている。彼らは、経営幹部と緊密な関係を維持する彼女を通じて経営幹部のリクワイアメントを知り、それをインテリジェンスの生産に活かすことができるのだ。この状況を、ギラッドのモデル図（図10・3）を基に表現すると、次のようになる。

このブリーファーによる社内でのコミュニケーションは、最近インフォーマルなものから、定期会合へと移行した。

変化の激しいエネルギー・ビジネスにおいて、この企業は市場で最も安定したパフォーマンスを維持している。ライバル企業が代替エネルギーを宣伝するなかで、同社は、カネをドブに捨てるようなベンチャーでなく、着実に利益の上がるセールスに従事している。利益率の低い資産を売却し、負債をライバル企業以下のレベルに落とした。そしてCEOによれば、石油とガスの低価格シナリオのもとでも利益が上がるような計画を立てているという。

新型コロナが世界の燃料消費を抑え込んでしまう前から、この企業はその分野で最も高い利益を上げており、2020年の不況も乗り切っている。今や、この企業は、再び利益率を回復しつつある。しかし、それはブリーファーというインテリジェンスのバイパス・ルートを作ったお陰なのか。それは、ギラッドにも証明できないという。それでも、「バイパスは『ブラックホール』より良いモデルか?」と問われれば、それは間違いないだろう

◆インテリジェンス生産のコアとなるブリーファー

なお、ブリーファーは特定の役職・ポストである必要はない。ある建設機械の製造企業では、ビジネス開発部長がブリーファーとして機能している。彼は週末にCEOと自宅で会合し、ブリーフやデブリーフを行っているという。その企業は独立した情報サイドを設けていないが、この開発部

長が社のＣＥＯを含む経営幹部（カスタマー）と、さまざまな情報を有する社内のフィールド・マネジャー（情報サイド）の双方と信頼関係によって上手くつながり、結節点となって、経営幹部のリクワイアメントを満たすインテリジェンス生産のコアとして機能しているのだ。

この「センス・メイキング・モデル」におけるブリーファーは、経営幹部（カスタマー）と情報サイドの双方の信頼を勝ち得ながら、両者の仲介者としての役割を果たす。結果として、カスタマーと情報サイドの相互理解が深まっていく。情報サイドはカスタマーのリクワイアメントを良く理解するようになり、良質のインテリジェンスが生産されて、それに基づくより良いカスタマーの判断・行動が可能になるのだ。

実際に「センス・メイキング・モデル」は業種の異なる多くの企業で採用され、成果を上げている。ギラッドは、このモデルを「企業の発展を妨げる頑迷さに対する、簡単で安価な解決策と言えるだろう」と述べている。

【注】

（1）もっとも、トランプ前大統領のような例外もある。彼は「デイリー・ブリーフ」を受けようとせず、前任のオバマからたしなめられたという。Gilad, Benjamin (2021) *The Opposite of Noise: The Power of Competitive Intelligence*, Independently published, p.184.

（2）Gilad (2021) pp.186–194.

（3）Gilad (2021) pp.192–193.

第11章

デュアル・オペレーティング・システム
――ビューロクラシー×ネットワーク＝？

◆ビューロクラシーは捨てずに「薄める」

第7章では、「情報化時代」にインテリジェンスの生産を可能にするモデルの条件として、「カスタマーと情報サイドが対等な立場で緊密につながる」、「情報サイドの収集と分析という縦割りを打破する」、「インテリジェンス生産にはカスタマーも関与する」、そして「ビューロクラシーを薄める」の4点を挙げた。

前章までに紹介した3つのモデルは、これら4点のうち最初の3点に対処しようというものであった。では、4点目の「ビューロクラシーを薄める」には、いかに対処すべきか。

ここで第6章の最後に紹介したジュリアン・バーキンショーとジョナス・リッデルストラーレの

「ビューロクラシーを完全に捨て去ることは、赤子を風呂桶のお湯ごと捨ててしまうようなものだ」という言葉[1]を思い出してほしい。最低限のビューロクラシーは「上下関係による最低限の秩序の維持と、分業による作業重複を回避する効率化」という観点から残さなければならないのだ。

つまり4点目の条件を満たすモデルは、ビューロクラシーと共存しつつ、その弊害を乗り越えて、組織の上下左右の風通しを良くできるようなものでなければならない。しかし、ビューロクラシーと風通しの良さは、まさに「水と油」のような関係にあるので、そのようなモデルを構想するのはなかなか困難である。

この問題に正面から取り組んだのが、「デュアル・オペレーティング・システム」だ。これはハーバード・ビジネス・スクールの教授、ジョン・コッターによって、その2014年の著書『*Accelerate*』(邦訳『実行する組織』)の中で提唱された。

◆ビューロクラシーとネットワークを共存させる

まずは、コッターが掲げる次の概念図を見てほしい[2]。

図11・1の左側が既存のビューロクラシーだ。組織の構成員が垂直なラインで上下に、そして水平なラインで左右に、整然と配置されて上下関係と分業が実現している様が描かれている。

そして右側には、ビューロクラシーとは対照的に、構成員が上下左右の壁を越えて自由につながり合うネットワークが描かれている。

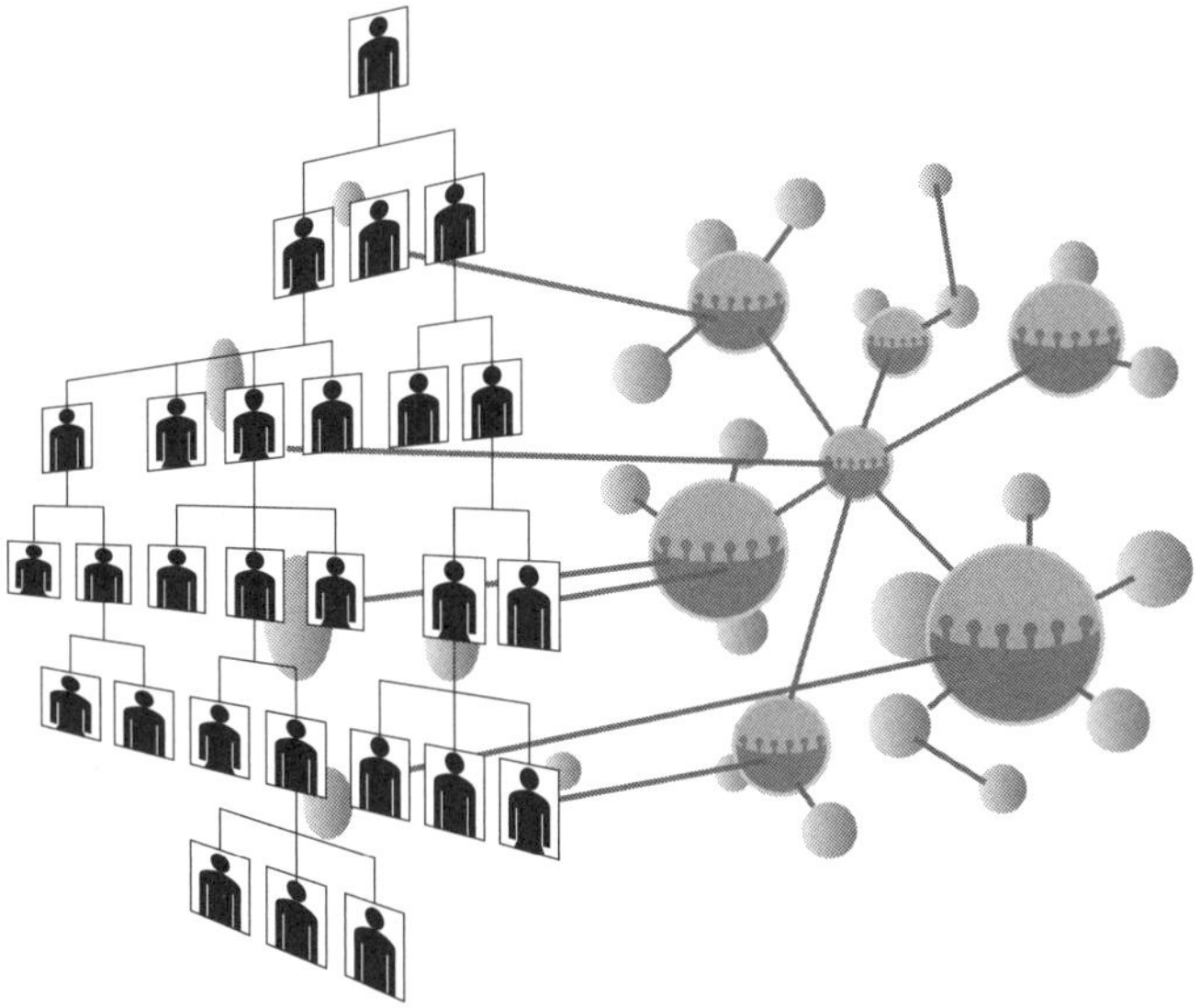

図11.1　デュアル・オペレーティング・システム　概念図

出所：Kotter (2014) p.11.

コッターの「デュアル・オペレーティング・システム」とは、両者の共存である。それが採用された組織は、表面的には伝統的なビューロクラシーの組織と何の違いもないように見える。組織のメンバーは、それぞれの肩書きによって上下左右に配置されているのだ。

しかし、この表面的なビューロクラシーの背後にはネットワークが張り巡らされており、これを利用することで、組織のメンバーは上下左右の壁を自由に乗り越えてつながることができる。

これが実現すれば、組織は既存のビューロクラシーにより、日々の業務を秩序正しく、かつ効率的に遂行できる。しかし同時に、併存するネットワークによって「情報化時代」が引き起こす種々

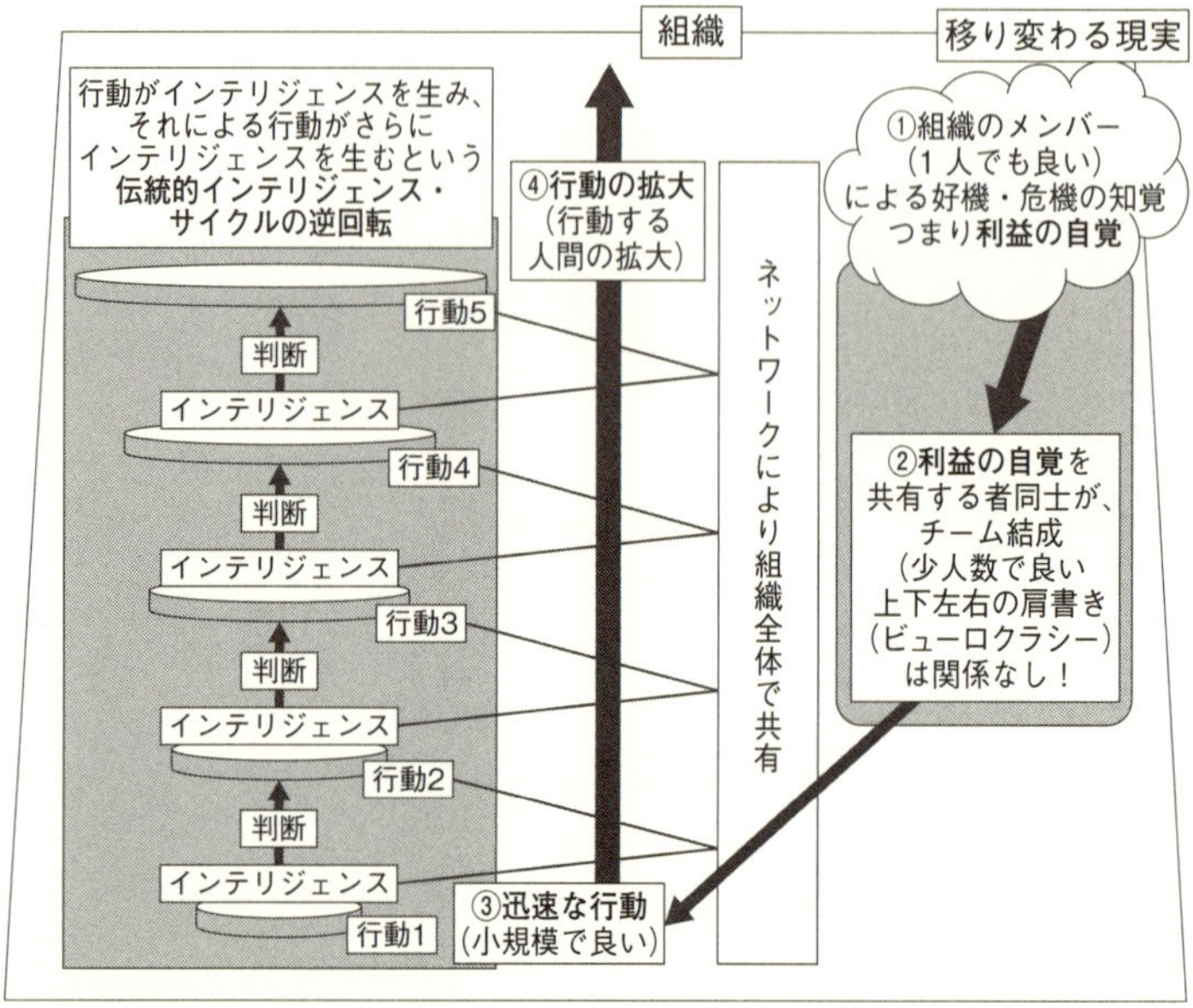

図11.2　デュアル・オペレーティング・システム　概念図
出所：Kotter (2014) pp.76-103の記述をもとに筆者が作成。

の課題に、敏捷に対処することも可能になるのだ。
　具体的に説明しよう。

◆はじめに「利益の自覚」ありき

　次の図11・2は、筆者が「デュアル・オペレーティング・システム」を、インテリジェンス生産の観点から語り直したものだ。
　まず、図の向かって右上を見ると、組織のメンバー（1人でもよい）が移り変わる現実に対峙し、そこから組織にとっての好機・危機を知覚している。つまり、組織の利益を自覚したのであり、これがすべての出発点となる。このメンバーは、「利益の自覚」を組織の仲間と共有し、チームを結成する。最初は小さな集団で構わない。ここで重要なのは、このチームが「利益の自覚」の共有によってのみ結ばれている、という点だ。メンバーの役職も担当もさまざまであり、ビューロクラシーの上下関係と左右の縦割りの双方を乗り越えたチームが組織されている。彼らは、役職・担当に基づく通常の業務は今までどおりに遂行しつつ、ボランティア・ベースでチームに参加して活動する。「ボランティア・ベース」と書いたが、こうした活動に報酬が支払われるかどうかは、組織によっても異なるだろう。

いずれにせよ、この時点でビューロクラシーと、チームというネットワークが併存することになった。

◆行動からインテリジェンスを生み出す

チームは、自覚された利益を少しでも実現すべく「自分たちのできる範囲」で迅速に行動を起こす（こうした「とにかく行動を！」という姿勢を「アドホクラシー（adhocracy）」と呼ぶが、詳細は次章で述べよう）。これが、図の左下の「行動1」だ。初めはほんの小さな行動でも構わない。そして成果が上がったら、それがいかにささやかなものであっても、イントラネットなどのネットワークで組織の他のメンバーと共有する。「こうすれば、うまくいく」というのは判断・行動に必要な知識、そして利益を実現する知識だから、まさにインテリジェンスである。つまりチームは、自覚され共有された利益を基に「とにかく行動する」という形でインテリジェンスを生み出したのだ。

これは重要な発想の転換である。「インフォメーションを収集・分析してインテリジェンスを生産し、それに基づき判断・行動する」という伝統的インテリジェンス・サイクルの逆回転が生じているからだ。そのようにして生まれたインテリジェンスがネットワークにより組織全体で共有されると、同じように「とにかく行動してみよう」という者が次々に現れて、行動する人々の数が増え、行動の規模も拡大していく。図では「行動1→インテリジェンス→共有→行動2→インテリジェンス→共有……」と拡大しながら上昇していくプロセスが描かれている。

◆薄まりゆくビューロクラシーと、新たなインテリジェンス生産モデルの広がり

重要なのは、このプロセスに参加する組織のメンバーが、ビューロクラシーに基づく業務もこなしている、という点だ。ビューロクラシーを温存しつつ、その裏でネットワークを活用して行動からインテリジェンスを作り、より規模の大きな行動につなげるという行為を繰り返す。この過程でビューロクラシーは徐々に薄まっていくことになる。その中で「行動からインテリジェンスを生み出す」という新しいモデルが広がっていくのだ。

コッターによると、以上は決して机上の空論ではなく、すでに官民の組織で実現し、多くの成功を収めている(3)。

デュアル・オペレーティング・システムでは、組織のメンバーが好機・危機を知覚し、それを共有する仲間がチームを結成してネットワークでつながる。そして、彼らの行動による成功がより多くの人々に共有されることで、さらに多くの行動と成功につながっていく。その過程でビューロクラシーが温存されつつも徐々に弱められていく、というものであった。

以下で紹介するのは、実在する建設会社（X社とする）における、デュアル・オペレーティング・システムに関するケーススタディである(4)。

CASE 5

チェンジ・エージェント・ユニットで環境重視型企業へ

X社は、約9千人の従業員を擁する某国の大手建設会社で、伝統的なビューロクラシーによって運営されている。他の建設会社と一線を画しているのが、1990年代から建設分野での持続可能性（サステイナビリティ）の重要性を強く認識するようになったことだ。「SDGs」として掲げられている社会、資源、環境などの持続可能性を重視できない建設会社は、それが弱点となっていずれは衰退を余儀なくされる。このような認識、つまり利益の自覚があったからこそ、X社は持続可能性を実現するための戦略を追求したのだった。しかし、それはいかにして可能になったのか。

X社が採用したのが、チェンジ・エージェント（人々の行動などの改革を促す人。[5]日本では「改革促進人」と訳されることが多い）のユニットの設置である。規模は60人（全社員の0・7%）。この部署に属するエージェントは、X社の社員ではあるが、同社のビューロクラシーに属していないため、フォーマルな肩書きは有しない（実際には、「持続可能性専門家」、「持続可能性ビジネス・パートナー」などと名乗っている）。彼らがお互いにネットワークでつながり合いつつ、ビューロクラシーに属する他の社員を啓発し、触媒となって持続可能性を高める動きを全社的に加速するのである。彼らは、グリーン・ビジネスや持続可能性の専門家で、X社の通常のビューロクラシーからはずれつつ、それと併存している。先述のコッターの例のように、有志のネットワークが徐々に拡大してビューロクラシーと併存していくのとは異なって、最初からネットワークでつながったチェンジ・エージェントが、ビューロクラシー下の社員と併存するという形でデュアル・オペレーティング・システムが実現しているのだ。

ケーススタディでは、チェンジ・エージェントのユニットに所属する6人に対する聴き取り調査が行われた。

彼らの実際の業務はさまざまであるが、主なものは、専門家としての立場からの、ビューロクラシー下の社員に対するコンサルタント業務であり、それらは上司による指示に基づくものではなく、ネットワークでつながった彼ら自身のボランティア精神によって遂行されている。具体的には、持続可能性に関して社員に教育や訓練を施し、社員の声に耳を傾け理解し、必要な場合には社員に寄り添って助言する。例えば持続可能性の観点から、企画、進行中のプロジェクトに関する助言や、環境基準適合の証明取得のプロセスをスムーズに進めるための助言をする。

彼らに求められる能力は、持続可能性に関する深い専門知識はむろんであるが、同時に社員とのコミュニケーション能力、社員にやる気を与える能力などのソフト・スキルも必要とされる。

彼らが対象とする社員とは、主にミドルとそれ以下のマネジメントであるが、トップからの要請に応えて対話をすることもある。

インタビューの結果では、硬直的なビューロクラシーを乗り越えて、特に過去5年間で持続可能性に関する社員の理解が全社的に急速に高まった。ビューロクラシーと併存しながらの彼らの努力があったことはむろんだが、彼らによると、さらにその背景には、気候変動に対する脅威の高まりもあったという。その到来は、X社が早くも1990年代に認識し、そのような形での利益の自覚があったからこそ、他社に先んじてチェンジ・エージェントの導入によるデュアル・オペレーティング・システムが実現したことは言うまでもない。

【注】

（1）Birkinshaw, Julian & Ridderstråle, Jonas (2017) *Fast/Forward, Make Your Company Fit for the Future*, Stanford, Stanford University Press, p.140.

（2）Kotter, John P. (2014) *Accelerate: building strategic agility for a faster-moving world*, Harvard Business Review Press, p.20.以降の説明では，必ずしも邦訳には拠っていない。

（3）Kotter (2014) pp.104-108.

（4）Åkesson, Henrik & Conte, Ulrika Z. (2021) *The Change Agent's Role in Accelerating Sustainability — a Case Study in a Construction Company*, Karlskrona, Sweden.

（5）Cambridge Dictionary. (https://dictionary.cambridge.org/ja/dictionary/english/change-agent)

第12章

利益中心型モデルの提唱
――「利益の自覚」から始めよ

以上、「アクター統合促進型モデル」、「ターゲット・セントリック・アプローチ」、「センス・メイキング・モデル」、そして「デュアル・オペレーティング・システム」という、著名な研究者が提唱する4つのモデルを紹介した。

「アクター統合促進型モデル」では、カスタマーと情報サイドという2つのアクターの統合が最も強調される。

「ターゲット・セントリック・アプローチ」は、時々刻々と変化する「ターゲットそのもの」を中心に据えて、そのイメージをカスタマーと情報サイドの双方がインプットを繰り返して更新し、そこから判断・行動に役立つ知識、つまりインテリジェンスを引き出すという構想だ。

一方、「センス・メイキング・モデル」は「ブリーファー」という仲介者を据えることで、カスタマーと情報サイドの間の壁を乗り越えようというものだ。

そして「デュアル・オペレーティング・システム」は、ビューロクラシーを維持しつつ、それとネットワークや、ネットワークでつながった専門家のユニットを併存させることでビューロクラシーを薄めようというものだ。コッターの例では、ネットワークでつながった危機感を共有するボランティアが組織を活性化させるという構想である。そこで注目されるのは、上下左右の壁を越えてネットワークに参加した組織のメンバーが、ビューロクラシーの対極にある「とにかく行動」というアプローチ（アドホクラシー）をとった点だ。ビューロクラシーを基礎とする伝統的なインテリジェンス・サイクルでは、「インテリジェンスから行動が生まれる」という一方向的な流れを繰り返す「回転」運動が想定されていたが、彼らはそれを逆回転させて、（小さな）行動からインテリジェンスを生み出し、それを共有した他の社員によって行動が拡大し、さらに新たなインテリジェンスが生まれ、いっそう拡大した行動を生み出すという連鎖を実現したのである。その過程で、ビューロクラシーは温存されつつ徐々に薄められ、企業内の風通しもよくなっていく。

そして建設会社の例では、ネットワークで結ばれた持続可能性の専門家による小規模なユニットがビューロクラシーと併存することで、会社全体の持続可能性に対する意識を高め、気候変動の脅威が強調される現代に適合した組織への変革が可能になった。

◆4つのモデルの問題点：なぜプロセスが始まるのか？

ただし、4つのモデルには厄介な問題がある。それは、「どのようにプロセスを始めることができるのか」という点が明確になっていないことだ。

「アクター統合促進型モデル」では、かろうじて「地平線スキャン」というプロセスがあり、カスタマーと情報サイドが、まさに地平線をスキャンするように重大な事態の兆候を監視するという手法が盛り込まれている。しかし、そもそも利益を自覚していなければ、「何が重大なのか」「どうして重大なのか」を判断することもできず、何を監視・発見すればよいかも分からないだろう。

「ターゲット・セントリック・アプローチ」でも、やはり「ターゲット」が明確でなければ、インテリジェンスの生産プロセスは始動しない。個々人が弱体化し、社会で予測不可能な事態の多発する「情報化時代」において「ターゲット」を特定することは、実に困難な課題である。

「センス・メイキング・モデル」は、ブリーファーによってカスタマーと情報サイドのコミュニケーションを円滑にすることに焦点が当てられており、組織が利益を自覚できることが前提になっている。

そして「デュアル・オペレーティング・システム」は、コッターの例では、特定の個人による利益の自覚や危機感があり、それが組織全体の行動へと拡大していくプロセスを描いているが、その出発点となる個人がどのように登場するかは語られない。そして建設会社の例では「持続可能性が重要になるだろう」という1990年代の同社の「先見の明」がきっかけになったわけだが、これは大多数の企業に期待できる話ではないだろう。

このような問題が生じてしまう原因は、いずれも「利益の自覚」が自明のこととされ、「何が自身の利益（を脅かす脅威）なのかを認識できない」という状況を想定していないからだ。本書で繰り返してきたとおり、インテリジェンスとは「利益を実現する知識」、それも「生々しいまでの利益を実現する知識」であり、したがって、何よりもまず「自分にとっての利益とは何か」を自覚することこそがインテリジェンスの本質なのである。

◆「自分を知る」ことで「利益の自覚」が可能に

今日の「情報化社会」では、「何が利益か」つまり「損しそうだ」とか「得しそうだ」という「利益の自覚」が、個人の弱体化と予測不可能な事態の多発によってますます困難になっている。しかし、たとえ利益を明確に見出すことができなくても、少なくとも「変化する現実」の中から利益を感じるために感覚を研ぎ澄ます必要がある。そのために有効なのが、「自分を知る」というアプローチだ。

自分（自分個人、自社、自国など）の利益を認識するためには、普段から努力して自分の弱点や長所を理解していなければならない。

例えばギリシャのデルフィにある古代遺跡のアポロの神殿には「汝自身を知れ」という格言が刻まれている。また古代中国の戦略家、孫氏は「彼を知り、自分を知れば、百回戦っても負けない（知彼知己、百戦不殆(1)」と言ったが、「自分を知る」、特に「自分の弱点を知る」ことは「彼を知る」よりもはるかに難しい。人間は無意識のうちに、自分の弱点から目を背けてしまうからだ。勇気を持って自分の弱点としっかり向き合うことで、初めて「利益の自覚」が可能になる。

例えば、CASE3を振り返ると、アル・アサド空軍基地は、ミサイル防衛システムがないことが最大の弱点であった。CASE5では、X社は1990年代に、持続可能性（サステイナビリティ）の認識が不十分であることを自社の弱点としてとらえ、チェンジ・エージェントのユニット創設に踏みきった。

実は「インテリジェンスを学ぶ」という営みは、突き詰めると「自分の弱点を恐れることなく知る」ことに行き着く。そうしてこそ、自分の利益を自覚するきっかけをつかめるのである。

「産業化時代」には、この「利益の自覚」はカスタマーに委ねられていた。しかし弱体化した個人という「情報化時代」にあっては、カスタマーと情報サイドの双方が、利益に対する感覚を研ぎ澄ませつつ協働しなければ「利益の自覚」はおぼつかない。「利益の自覚」は明確な形である必要はない。「何となく」利益を増やせそうな（損ねそうな）可能性に気づくだけでもよい。再びCASE5に帰ると、X社が1990年代に抱いた危機感がその典型だ。それを、カスタマーのみに任せるのではなく、情報サイドも参加し一丸となって探り、共有するのである。

◆「利益の自覚」を基礎にインフォメーションを収集

次に重要なのが、「利益の自覚」を共有しているカスタマーと情報サイドが協力して「変化する現実」を監視し、インフォメーションを収集することだ。これは「アクター統合促進型モデル」における「地平線スキャン」や「センス・メイキング・モデル」における「出来事の意味の解釈」も参考にできるだろう。

忘れてはならないのは、インフォメーションが溢れ返る「情報化社会」では、「利益の自覚」があって初めて自分の利益に影響するインフォメーションを選択し、収集することができるという点だ。「利益の自覚」なしにインフォメーションを収集しようとしても、利益に何の影響も及ぼさないインフォメーション（ノイズ）の洪水に溺れるだけだ。

◆利益中心型モデルの提唱

だからこそ、「利益を実現する知識」であるインテリジェンスの生産活動もまた「利益の自覚」から始まらなければならない。この「起動」装置を明示したインテリジェンス生産モデルが図12・1「利益中心型モデル」である。

◆カスタマーと情報サイドの協働

図12・1には、アクター統合促進型モデルと同様に、カスタマーと情報サイドが左右に並置され

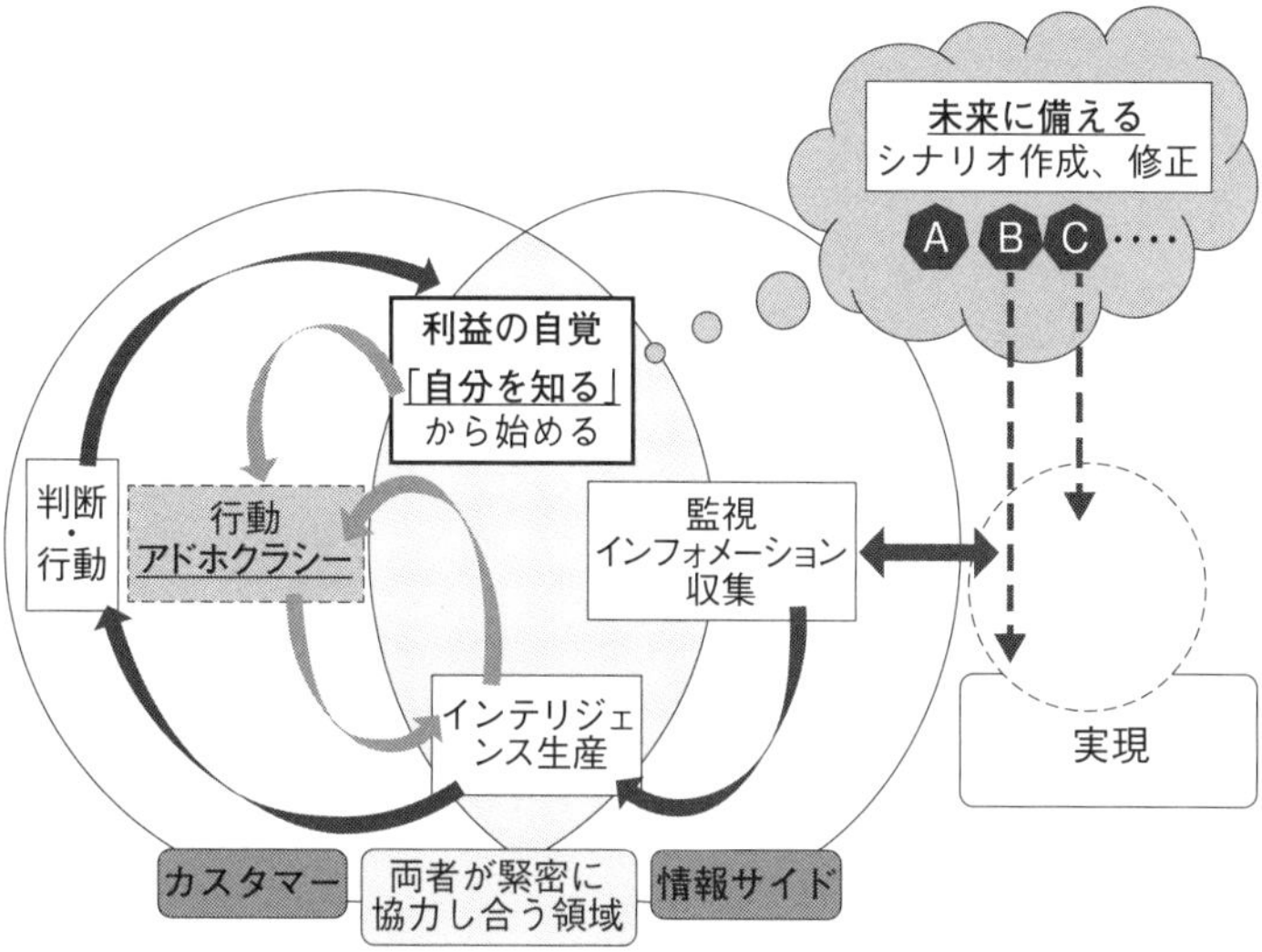

図12.1　利益中心型モデル
出所：筆者作成。

ている。ただし、両者は水平関係、つまり対等な関係に置かれ、その重複する領域（灰色の部分）が大きく強調されている。ここでは、カスタマーと情報サイドが「利益の自覚」を共有し、緊密な協力が実現している。孫子に倣えば「彼を知り、自分を知れば、百回戦っても負けない」の中の「自分」にあたる部分であり、自国、自社、あるいは自分が所属するコミュニティなどでもよい。重要なのは、「情報化時代」にあって「自分」はカスタマーと情報サイドが協力し合う領域でなければならないことだ。

この領域の中心には、このモデルのコアとなる「利益の自覚」が描かれており、それは「自分を知る」、つまり自分自身の分析による「自分の弱点と長所」を知ることによって可能になる。

◆「利益」に影響を与えうるシナリオの作成と修正

次に、図12・1の向かって右上側に描かれている雲型を見てもらいたい。「利益の自覚」が行われると「こうなったらまずい！」とか「こうなったら有難い！」というシナリオを思いつくことが可能になる。これをインテリジェンスの世界では「未来を予想する」と対比させて「未来に備える」という。「未来を予想する」があまりに数多く失敗する中で、インテリジェンスの世界で最先端として研究されているアプローチだ。つまり単一の未来を予測するのではなく（そもそも、それは人間業を超えている！）、複数の未来の可能性をシナリオとして作成し、その中で特に実現したら自分の利益に甚大な影響を与えるシナリオ、つまり高インパクト・シナリオの実現に備えるのである。このような手法を、シナリオ分析という(2)。

◆高インパクト・シナリオの「監視」と「インフォメーション収集、インテリジェンス生産」

続いて、向かって右側の円で表された情報サイドを説明しよう。情報サイドはときにカスタマーの協力も得て（よって図では、カスタマーと情報サイドが緊密に協力し合う領域（灰色の部分）に一部重なっている）、高インパクト・シナリオが現実のものになるか、つまり実現するかを監視し、関連するインフォメーションを収集することになる。

このように利益の自覚、高インパクト・シナリオの作成、それに関連するインフォメーションの（それのみの）収集こそは、我々が生きている「情報化時代」にあってますます重要になっており、それができないと、利益に関係ないインフォメーション（ノイズ）の洪水に溺れてしまう。

そうして収集されたインフォメーションは、再び中央に位置する情報サイドとカスタマーが緊密に協力し合う領域で分析され、インテリジェンスが生産されることになる。

◆カスタマーによる2種類の行動

最後に、図12・1の向かって左側の円で表されたカスタマーの領域に入ろう。ここでは、生産されたインテリジェンスに基づく判断・行動が行われた結果、利益は「損した」「得した」という形で変化する。これが図では実線のカーブした矢印による回転で描かれている。その結果、プロセスの最初の「利益の自覚」に戻り、最初のシナリオの修正や新たなシナリオの作成が行われ、それが実現するか否かに関する監視や関連するインフォメーションの収集が行われる、というプロセスが繰り返される。

ここで注目してほしいのが、実線の矢印の内側で逆回転する斜線の矢印である。その起点は「利益の自覚」であり、そこからインフォメーションの収集やインテリジェンスの生産というプロセスを経ずにカスタマーの行動を経て、インテリジェンスの生産につながっている。つまり「インフォメーション」→「インテリジェンス」→「判断・行動」という伝統的なインテリジェンス・サイクルが逆回転しているのだ。

それが「利益の自覚」に直結して起こる行動（アドホクラシー）だ。

つまり、この「利益中心型モデル」では、「インフォメーション収集・分析」→インテリジェンス生産」→「判断・行動」という伝統的なモデルと、それが逆回転するアドホクラシーが共存しているのだ。

ここでアドホクラシーの重要性について説明しておこう。

◆アドホクラシーとは何か？

第11章の「デュアル・オペレーティング・システム」で紹介した「とにかく行動して、そこからインテリジェンスを生み出し、さらなる行動につなげる」というモデル、アドホクラシーの概念自体は新しいものではない。この概念は、リーダーシップの権威であるウォーレン・ベニスが、1968年の著作『*The Temporary Society*』[3]の中で初めて打ち出した。そして未来学者、アルビン・トフラーがベストセラー『*Future Shock*（邦訳は『未来の衝撃』）』[4]でアドホクラシーと命名し、1章を割いて紹介することで脚光を浴びることとなった。

重要なのは、ベニスもトフラーも、アドホクラシーを動きの鈍いビューロクラシーの解毒剤として構想していたという点だ。そして経済学者のジュリアン・バーキンショーと、ビジネスの研究家であるジョナス・リッデルストラーレは、特に「情報化時代」におけるその重要性を強調している。[5]

◆まとめ

以上で「利益を実現する知識」というインテリジェンスの本質を中心に据え、「利益の自覚」から全てが始まり、「自分を知る」と「未来に備える（シナリオ分析）」というインテリジェンスの最先端、そして、「情報化時代」にますます重要になりつつあるアドホクラシーをも包含した「利益中心型モデル」の提唱を終える。

このモデルに先立って紹介したモデルもそうだが、この「利益中心型モデル」も、すでに類似のものが実現している点を、２つの事例で実感していただきたい。

CASE 6

木を切らずに森林で儲ける?——自分を知り、未来に備える

この事例は、ギラッドがその著書で紹介した実話に基づいている[6]。ただし、筆者が分かりやすさの観点から編集を加えた点をお断りしておく。

カナダの某大企業(Y社)は、米国に1100万エーカーの森林を有し、さらにカナダでは1400万エーカーの森林をリースしている。この企業は、大量の材木を米国の建設業界に売り込んでいる。米国では、建材として材木の人気が伝統的に高いためだ。

それが続くのであれば、Y社は安泰ということになるが、大きな変化に直面することになった。過去数年にわたり材木の価格が急騰し、2021年の1年間で300-400%も増加したのである。当初Y社はこれを自社の利益にとって望ましいと考えて放置していたが、本当にそのままでよいのか。

ここでY社の経営幹部(カスタマー)と情報部門(情報サイド)の双方が出席して戦略会議が開催

された。それまでに自覚されていた利益を修正する必要があるかが問い直されることとなったのである。これまでの認識に従えば、材木価格の上昇はY社の利益を高めるので望ましいものである。しかし、検討の結果、今後状況が逆転し、Y社の利益にマイナスの影響が及ぶ可能性に気づいた。つまり、Y社の利益の自覚は変更されることとなったのである。

作成されたシナリオ（シナリオA）は「材木価格の高騰が、ある一点を超えた段階で、スティールやコンクリートといった建材の人気が高まり、建材としての材木への需要が低下し、Y社の利益が損なわれる」というものだ。Y社の情報サイドはこのシナリオの実現を警戒しつつ監視し、関連するインフォメーションの収集に努めた。

ほどなく『タイム』誌が、価格高騰が続く材木に代えて、スティールやコンクリートを建材として利用することを推奨する記事を掲載した。この記事を契機に、再び経営幹部と情報部門が議論する。結論は「これまでの材木販売のみという戦略は、今後危険を伴う」というものであった。

経営幹部の決断、つまり判断・行動で、再び経営幹部と情報部門が同席する戦略会議が開かれ、Y社は利益の自覚の見直しを行い、新たなシナリオ（シナリオB）を作成する。それは「材木を、建材以外の目的で使用して利益を上げる」というもので、情報部門は、今度はこのシナリオBの実現を可能にするインフォメーションの収集に努めつつ、シナリオAに関するインフォメーション収集も継続した。

ここで情報サイドは、シナリオAに関する新たなインフォメーションを収集する。それは「建材としての材木の将来はさらに危うくなって、２０１８年から２０１９年にかけてコンクリート家屋が46％増加した一方で、木造家屋の増加は８％にとどまった」というものであった。

さらに情報部門は、シナリオＢに関するインフォメーションも収集することができた。それは『ＭＩＴテクノロジー・レビュー』に掲載された記事であり、「木が吸収できるカーボンの量は、木によって異なる。ある先住民族は、森林を構成する木の種類を変えてカーボンの吸収量を最大化することで大量のカーボンクレジットを獲得し、それを売却することで利益を得ている(7)」というものだ。

さらに、情報部門からシナリオＢに関して重要なインフォメーションがもたらされた。「米国カリフォルニア州が、森林保護を気候変動対策の目玉として打ち出した」というのだ。

Ｙ社の経営幹部と情報部門が、これらのインフォメーションを協働して分析した。結論は、「『保有する森林の伐採による利益』と、『伐採せずに温存した森林がもたらすカーボンクレジットから得られる利益』のどちらが大きいか、どちらが大きくなるか、は現時点ではわからない」というものであった。このインテリジェンスに基づき、経営幹部は「森林伐採と、森林温存のバランスをとる」という判断を下した。

Ｙ社の「バランス」は、徐々に森林温存によるカーボンクレジットの獲得へと比重を移し、２年後、Ｙ社はカリフォルニア州での森林伐採を１００％取り止め、カーボンクレジット売却の最大手企業となった。

CASE 7

バリスタに負けないコーヒー・マシンを!——アドホクラシー

次に紹介するのは、バーキンショーとリッデルストラーレが共著の中で紹介している実話である。(8) ただし、こちらも本書の問題意識から、若干の編集を加えてあることをご了承いただきたい。

コスタ・コーヒーは、業界第2位のコーヒーチェーンであり、そのモットーは「退屈なコーヒーから世界を救済する」というものだ。「世界を救済する」のだから、バリスタがいる高級喫茶店を超えて、ガソリンスタンド、スーパーマーケットのチェーン、企業のオフィスなどで、バリスタが淹れてくれるのと同じ水準のコーヒーを手軽に飲めるようにしなければならない。

とはいえ、世界のガソリンスタンドにバリスタを配するわけにはいかないので、マシンメイドのコーヒーに頼るしかない。しかし、当時のマシンメイドのコーヒーは「エスプレッソではなく、ディプレッソ(飲むと逆に落ち込む)だ!」とけなされる有様だった。何としても顧客に「これは、バリスタのコーヒーと同じくらいにおいしい!」と言わせられるようなマシンを開発しなければ、同社は自分が掲げるモットーを裏切ることになる。

この開発がきわめて困難だからこそ、逆にコスタ・コーヒーは、そこにチャンスを見出した。つまり、利益が自覚されたのである。どの企業にもできない、やろうともしないことを、とにかくやってみる！

そこにはシナリオの作成や、インフォメーション収集、そしてインテリジェンスの生産という段階は存在しない。一見すると無謀だが、利益の自覚からいきなり行動が始まり、行動しつつインテリジェンスを生み出して、次の行動につなげていく。つまり、伝統的なインテリジェンス・サイクルの逆回転である。そしてこれこそが「利益集中型モデル」に埋め込まれたアドホクラシーでもある。

このようにして2012年に立ち上がったのが、プロジェクト・マーローだ。その目的は、見栄えや味、豆を挽く音、香りなど全ての面で顧客を満足させることができるコーヒー・マシンの開発であった。それを主導したのが起業家であり投資家のエリック・アフトマン。マクドネル・ダグラス社（現在のボーイング社）の研究開発部門、ファントムワークスで先端的な軍事製品や軍事技術の開発を担当した人物であり、その際に使用したモデルを、コーヒーの小売業界という非国防産業に持ち込んだのである。

プロジェクトを遂行するチームのメンバーとして、多様なバックグラウンドとスキルを有する人物が選出された。イタリアのピニファァリーナから引き抜かれたデザイナーや、U2やローリングストーンズを手がけたサウンド・テクニシャン、ハリー・ポッターの映画を手がけるオンラインのデザイナー、ジボダンとセンツィの香のテクノロジー、インテルのコンピュータ・テクノロジー、スイス株式市場の先端的な決済機能、そしてスイスを代表する企業であるThermoplanとVerwoの製造技術を有する人物が投入された。これに少人数のコスタの被雇用者も参加したが、チームの大半は、他の企業でも勤務しているか、フリーランサーであった。

2012年4月19日に、プロジェクトは20人の参加でキックオフ。重視されたのが透明性の確保であり、プロジェクトのメンバー全員が、他のメンバーが何をしているか、その進捗状況はどうかを共有し合う。つまり、各メンバーの行動とその成果がインテリジェンスとして全員に共有され、それをもとに、各メンバーがさらなる行動を起こし、再びその結果がインテリジェンスとして全員に共有されるというサイクルの回転が始まったのだ。そしてキックオフの5か月後には、95％ベータバージョンが、期限どおりに、定められた予算の範囲内で完成した。

当初の利益の自覚から一挙に行動に突き進み、そこからインテリジェンスを創出してさらなる行動をとるというパターンは、伝統的なビューロクラシーで働く人々の姿勢とは正反対である。

しかし今や我々は、画一的な製品の大量生産でことが済んだ「産業化時代」を超えて、過剰なインフォメーションに溺れ、インテリジェンスを生産できず、従って判断・行動もできないという「情報化時代」を生きているのだ。

ベニスが、そしてトフラーが、アドホクラシーを、動きの鈍いビューロクラシーの解毒剤として構想していたのには、確かな理由があるのである。

【注】

（1）孫子（金谷治訳注）（2000）『新訂 孫子』岩波文庫、13頁。

（2）シナリオ分析に関する詳細は以下を参照のこと。
北岡元（2009b）『ビジネスインテリジェンス—未来を予想するシナリオ分析の技法』東洋経済新報社

（3）Bennis, Warren G. & Slater, Philip E. (1968) *The Temporary Society*, New York, Harper & Row

（4）Toffler, Alvin (1970) *Future Shock, Designing Effective Organization*, New York, Bantam Books

（5）Birkinshaw, Julian & Ridderstråle, Jonas (2017) pp.57–60.

（6）Gilad (2021) pp.61–62.

（7）MIT Technology Review (2021) *The climate solution actually adding millions of tons of CO2 into the atmosphere*, U.S.A.
https://www.technologyreview.com/2021/04/29/1017811/california-climate-policy-carbon-credits-cause-co2-pollution/

（8）Birkinshaw & Ridderstråle (2017) pp.126–128.

エピローグ　自分は何を知るべきなのか？

最後に、英国のカルト的なSF作家、ダグラス・アダムズ（1952‐2001年）を紹介しよう。彼が1979年に発表した小説『銀河ヒッチハイク・ガイド』は、全世界で1500万部を売り切る大ヒットとなった。

この小説に登場するのが「生命、宇宙、その他もろもろ、についての深遠なる疑問の答え」である[1]。この答えを知るために、白ネズミ（小説では、優れた知性を持っている！）が全時代および全世界において2番目に凄いコンピュータ「ディープ・ソート」を完成。それが750万年かけて出した答えは「42」であった。

「750万年も待たせておいて、それだけなのか！」と問い詰められた「ディープ・ソート」は「検算は徹底的に行いました」と応じる。「これが答えなのは絶対にまちがいありません。あえて正直に申し上げれば、何が問いなのか、あなた方は良く分かっていない。それが問題なのだと思います」。

そして「ディープ・ソート」は、もっと凄いコンピュータを作って「何が問いなのか」を計算させることを研究者に提案するのだ。

このエピソードは、ビッグデータや、それを処理するアルゴリズムが信奉されている「情報化時代」に生きる我々に貴重な示唆を与えている。まずインフォメーションが豊富なために（というか、豊富過ぎるために）、「自分は何を知りたいのか、知るべきなのか」という要求が曖昧になっている。インテリジェンスを作り出すには、当然のことながら、まず「このようなインテリジェンスがほしい」という要求（リクワイアメント）がなければならない。それが曖昧なままで、いくらインフォメーションを集めてコンピュータに分析させても、インテリジェンスを作り出すことはできない。結果として「判断・行動」がなされない、または、なされても遅きに失する、ということになる。ライバルと凌ぎを削る組織にとって、これは致命的であろう。

そして「ディープ・ソート」は、もっと凄いコンピュータを作ることを提案したが、これは「情報化時代」を生きる我々が、日常的にハマっている落とし穴である。大量のインフォメーションをコンピュータの助けを得ながら収集した後で、その結果をもとに関係者が参集して議論する。結論が出ない。そこで「結論」は「もっとインフォメーションが必要だ」ということになってしまい、再びコンピュータの出番、という堂々巡りに落ち込んでいく。皆さんにも、経験があるのではないだろうか。

デジタル化に端を発するインフォメーションの過剰により、個人が知的に弱体化し、社会が複雑化して予測可能性が損なわれた「情報化時代」。今日、インテリジェンスの材料であるインフォメーションが増えたのに、肝心のインテリジェンスが減るという「情報のパラドクス」が生じている。

この「情報化時代」においても、「利益を実現する知識」というインテリジェンスの本質は決して変わらなかったが、他方で「産業化時代」に生まれたインテリジェンス大量生産型のサイクル・モデルが機能不全を起こし、見直しを余儀なくされている。

筆者のモデルを含め、本書で紹介したモデルと事例が、読者のマインドセットや組織体制の見直しに役立ってくれることを祈るばかりである。

「情報化時代」の壁にぶちあたり、「機械に頼れば何とかなる」と言わんばかりにＡＩ流行りの昨今だが、肝心の人間が忘れ去られつつあるのではないだろうか。本書でたびたび登場したビジネス・インテリジェンスの大家ベンジャミン・ギラッドは「あなた（人間）が教えてやらない限り、ＡＩは何も分からない。そして肝心のあなたが、教えるべきことを知らない[2]」と述べている。

人間が「情報化時代」の壁を乗り越えるには、人間が適切なモデルを考案し、それに基づいて行動するしかない。そんな筆者の信念が、少しでも読者に伝わったのであれば、本書の目的は達せられたことになる。

最後になるが、１７６０年代の「産業化時代」の幕開けから、１９７０年代に幕を開けた「情報化時代」、そしてその最先端までを見据えた長い考察に付き合ってくださった読者に、心より感謝いたします。

本当にありがとうございました。

【注】

（1）アダムス、ダグラス（安原和見訳）（2005）『銀河ヒッチハイク・ガイド（電子書籍版）』河出書房新社、208頁。

（2）Gilad, Benjamin (2021) *The Opposite of Noise: The Power of Competitive Intelligence*, Independently published, p.31.

あとがき

２００３年に『インテリジェンス入門――利益を実現する知識の創造』を上梓してから20年あまりが経過した。

「先見の明があった」などと言うつもりはないが、当時からインテリジェンスをめぐる環境の急速な変化を肌身に感じていた。具体的には２００１年9月に米国を襲った同時多発テロなどによる脅威の拡散・多様化と、急速に進行するグローバリゼーションなどを背景とした利害関係の複雑化を目の当たりにして、それが伝統的インテリジェンス・サイクルを見直すきっかけとなった。

そこで『インテリジェンス入門』の末尾に第4部「インテリジェンスの新しい流れ」をもうけ、伝統的インテリジェンス・サイクルに代わるモデルを提唱することとなった。カスタマーと情報サイドの対話によるカスタマーの利益の認識・共有やサイクルの柔軟な回転、ネットワークの導入などがポイントとなっており、当時としては随分と斬新な内容であったかと思う。

その後の環境の変化、特にインフォメーション量の増加は、筆者の当時の予想をはるかに超える爆発的なものであった。そのようななかで、本書に登場したインテリジェンスの著名な研究者たちが、次々と新しいモデルを提唱していった。すなわち、ロバート・クラークが２００４年に「ターゲット・セントリック・アプローチ」を、ジュリアン・リチャーズが２０１３年に「アクター統合促進型モデル」を、ジョン・コッターが２０１４年に「デュアル・オペレーティング・システム」を、そしてベンジャミン・ギラッドが２０２１年に「センス・メイキング・モデル」を、それぞれ提唱するに至ったのである。

それらのモデルは、いずれもインテリジェンスをめぐる環境の変化に対する深い洞察に基づいている、という意味で優れている。しかし、いずれのモデルも「そもそも、なぜインテリジェンス生産のプロセスが始まるのか」という点、言い換えると「どのようにプロセスを始めることができるのか」という点が明確になっていない、という問題を抱えており、筆者には不満が残るものであった。

このような問題の原因は、「利益を実現する知識」というインテリジェンスの本質が、いずれのモデルにも埋め込まれていないからだ。そこで『インテリジェンス入門』で提唱したモデルを自分なりに進化させ、かつ簡略化しつつ新たに提唱したのが、本書の中核となる「利益中心型モデル」である。

２０２１年末、筆者は最後の任地となったエストニア共和国より帰国し、新たなモデルを提唱すべく本書の執筆を思い立った。構想を持ちかけたのが、過去に筆者の『インテリジェンス入門』と『インテリジェンスの歴史』の出版を担当してくださった慶應義塾大学出版会の木内鉄也氏である。クリスマス直前に銀座のフレンチでワインをともにしつつ、氏は筆者の構想に熱心に耳を傾けてくださり、「『シン・インテリジェンス入門』という感じですね」と快く三度目の「伴走」を引き受けてくださった。

すでに取締役に昇進されており、その重責と本書の編集との両立は、さぞや大変であったろうと思う。しかし、氏の丁寧でありながら鋭いコメントで、筆者の荒削りな構想が、みるみる洗練された文章に生まれ変わっていく。それは筆者にとって、ひさしぶりのエキサイティングな経験となった。氏に心よりの謝意を表したい。むろん内容に関する全責任は、筆者個人に帰するものだ。

今この瞬間にも「情報化時代」は、インフォメーションの爆発的増加を引き起こしつつ進行中だ。それを乗り越えるべく、本書をきっかけに一人でも多くの人のマインドセットが、そして一つでも多くの組織が、変革されることを願ってやまない。

２０２４年７月

北岡　元

参考・引用文献、資料

〈英文〉

Åkesson, Henrik & Conte, Ulrika Z. (2021) *The Change agent's Role in Accelerating Sustainability – A Case Study in a Construction Company*, Karlskrona, Sweden

Bennis, Warren G. & Slater, Philip E. (1968) *The Temporary Society*, New York, Harper & Row

Bidwell, Bruce W. (1986) *History of the Military Intelligence Division, Department of the Army General Staff: 1775–1941*, U.S.A., University Publication of America

Birkinshaw, Julian & Ridderstråle, Jonas (2017) *Fast/Forward, Make Your Company Fit for the Future*, Stanford, Stanford University Press

Brynjolffsson, Erik & McAfee, Andrew (2014) *The Second Machine Age: Work, Progress, and Prosperity in a Time of Brilliant Technologies*, New York, W.W. Norton

Castells, Manuel (2010) *The Rise of the Network Society* (2nd edition) , Hoboken, New Jersey, Wiley-Blackwell

Clark, Robert M. (2007) *Intelligence Analysis, A Target-Centric Approach* (2nd edition) , Washington, CQ Press

Clark, Robert M. (2020) *Intelligence Analysis, A Target-Centric Approach* (6th edition) , Washington, CQ Press

Clark, Robert M. (2023) *Intelligence Analysis, A Target-Centric Approach* (7th edition) , Washington, CQ Press

Corballis, Michael C. (2003) "From hand to mouth: the gestural origins of language", in Morten H. Christiansen & Simon Kirby (eds.) *Language Evolution*, London, Oxford University Press

Davies, Philip H. J., Gustafson, Kristian & Rigden, Ian (2013) "The Intelligence Cycle is dead, long live the Intelligence Cycle", in Mark Phythian (ed.) *Understanding the Intelligence Cycle*, London, Routledge, p.57

Gilad, Benjamin (2021) *The Opposite of Noise: The Power of Competitive Intelligence*, Independently published

Glass, Robert R. & Davidson, Phillip B. (1948) *Intelligence Is For Commanders*, Pennsylvania, The Military Publishing Company (https://play.google.com/books/reader?id=Su1EAAAAIAAJ&pg=GBS.PA14&hl=ja)

Gratton, Lynda (2011) *The Shift, The Future of Work is Already Here,* London, HarperCollins Publishers

Herman, Michael (1996) *Intelligence Power in Peace and War*, Cambridge, Cambridge University Press

Hilbert, Martin & López, Priscila (2011) "The world's technological capacity to store, communicate, and compute information", *Science*, Vol.332, Issue 6025 (https://www.academia.edu/2632682/The_World_s_Technological_Capacity_to_Store_Communicate_and_Compute_Information, 2011) この論文の２０１５年版は以下を参照。 (https://www.martinhilbert.net/information-communication-quantity/)

Hilbert, Martin (2015) "Quantifying the data deluge and the data drought", in *Background note for the World Development Report 2016*, World Bank

Hilbert, Martin (2017) "Information quantity", in L. A. Schintler & C. L. McNeely (eds.) , *Encyclopedia of Big Data*, Springer International Publishing

Hilbert, Martin (2018) "Communication quantity", in L. A. Schintler & C. L. McNeely (eds.) *Encyclopedia of Big Data*, Springer International Publishing

Hilbert, Martin (2020) "Digital technology and social change: the digital transformation of society from a historical perspective", *Dialogues in Clinical Neuroscience*, Vol.22, No.2, pp.189–194

Hilbert, Martin (2021) "Information theory for human and social processes", *Entropy*, Vol.23, Issue 1, p.9

Hulnick, Arthur S. (2006) "What's wrong with the Intelligence Cycle", *Intelligence and National Security*, Vol.21, Issue 6, pp.959–979

Johnston, Rob (2005) *Analytic Culture in the U. S. Intelligence Community*, Center for the Study of Intelligence, CIA, Washington DC (https://www.cia.gov/resourses/csi/static/c0dc5a0bc01996e6df4cdebc861f8d6a/Analytic-Culture-Intelligence-Community.pdf)

Jones, Morgan D. (1998) *The Thinker's Toolkit: 14 Powerful Techniques for Problem Solving*, U.S.A., Three River Press

Kent, Sherman (1949) *Strategic Intelligence for American World Policy*, U.S.A., Princeton University Press

Kotter, John P. (2014) *Accelerate, Building Strategic Agility for a Faster-Moving World*, Boston, Harvard Business Review Press

Kuld, Lukas & O'Hagan, John (2018) "The proportion of co-authored research articles has risen markedly in recent decades", London School of Economics and Political Science, blog, April 4th (https://blogs.lse.ac.uk/impactofsocialsciences/2018/04/04/the-proportion-of-co-authored-research-articles-has-risen-markedly-in-recent-decades/)

Laqueur, Walter (1993) *The Uses and Limits of Intelligence*, London, Routledge

MIT Technology Review (2021) *The Climate Solution Actually Adding Millions of Tons of CO2 into the Atmosphere*, U.S.A. https://www.technologyreview.com/2021/04/29/1017811/california-climate-policy-carbon-credits-cause-co2-pollution/

Münsterberg, Hugo (1914) *Psychology, General and Applied*, New York, D. Appleton and Company

National Academies of Sciences, Engineering and Medicine (2020) *Safeguarding the Bioeconomy*, U.S.A. (https://doi.org/10.17226/25525)

Phythian, Mark (2013) "Introduction: beyond the Intelligence Cycle?", in Mark Phythian (ed.) *Understanding the Intelligence Cycle*, London, Routledge, pp.1–8

Phythian, Mark (ed.) (2013) *Understanding the Intelligence Cycle*, London, Routledge

Pinker, Steven (2003) "Language as an adaptation to the cognitive niche", in Morten H. Christiansen & Simon Kirby (eds.) *Language Evolution*, London, Oxford University Press

Prescott, John E. & Miller, Stephen H. (2001) *Proven Strategies in Competitive Intelligence*, New York: John Wiley & Sons

Richards, Julian (2013) "Further questions about the Intelligence Cycle in the contemporary era", in Mark Phythian (ed.) *Understanding the Intelligence Cycle*, London, Routledge, pp.43–55

Seyfarth, Robert M., Cheney, Dorothy L. & Marler, Peter (1980) "Vervet monkey alarm calls: Semantic communication in a free-ranging primate", *Animal Behaviour*, Vol.28, Issue 4, pp.1070–1094

Simon, H. A. (1971) "Designing organizations for an information-rich world", in M. Greenberger (ed.) *Computers, Communication, and the Public Interest*, Baltimore, John Hopkins Press, pp.40–41

Strachan-Morris, David (2013) "The Intelligence Cycle in the corporate world", in Mark Phythian (ed.) *Understanding the Intelligence Cycle*, London, Routledge, pp.119–133

Struhsaker, T. T. (1967) "Auditory communication among vervet monkeys", in Stuart A. Altmann (ed.) *Social Communication Among Primates*, Chicago, University of Chicago Press, pp.281–324

Tepilit Ole Saitoti (1988) *The Worlds of a Maasai Warrior, an Autobiography*, University of California Press (Kindle版は2014)

Toffler, Alvin (1970) *Future Shock, Designing Effective Organization*, New York, Bantam Books

U.S. Joint Staff (2012) *Joint and National Intelligence Support to Military Operations*, Joint Publication 2-01 (https://www.bits.de/NRANEU/others/jp-doctrine/jp2_01%2812%29.pdf)

Warner, Michael (2013) "The past and future of the Intelligence Cycle", in Mark Phythian (ed.) *Understanding the Intelligence Cycle*, London, Routledge, pp.9–20

Wheaton, Kristan J. (2011) "The 'traditional' Intelligence Cycle and its history (Let's kill the Intelligence Cycle) " (https://sourcesandmethods.blogspot.com/2011/05/part-4-traditional-intelligence-cycle.html)

〈和文〉

アダムス、ダグラス／安原和見訳（２００５）『銀河ヒッチハイク・ガイド（電子書籍版）』河出書房新社

ウェーバー、マックス／阿閉吉男、脇圭平訳（1987）『官僚制』恒星社厚生閣
ウォーターマンJr.、ロバート・H.／平野勇夫訳（1990）『アドホクラシー　変革への挑戦』TBSブリタニカ
北岡元（2003）『インテリジェンス入門　利益を実現する知識の創造』慶應義塾大学出版会
北岡元（2006）『インテリジェンスの歴史　水晶玉を覗こうとする者たち』慶應義塾大学出版会
北岡元（2008）『仕事に役立つインテリジェンス　問題解決のための情報分析入門』PHP研究所
北岡元（2009a）『インテリジェンス入門　利益を実現する知識の創造［第2版］』慶應義塾大学出版会
北岡元（2009b）『ビジネス・インテリジェンス―未来を予想するシナリオ分析の技法』東洋経済新報社
北岡元（2011）『ハーバード流インテリジェンス仕事術　問題解決力を高める情報分析のノウハウ』PHP研究所
シュンペーター、ヨーゼフ／八木紀一郎、荒木詳二訳（2020）『経済発展の理論（初版）（電子書籍版）』日経BP
シュムペーター、ヨーゼフ／塩野谷裕一、中山伊知郎、東畑精一訳（1977）『経済発展の理論（上）』岩波書店
シュンペーター、ヨーゼフ／大野一訳（2020）『資本主義、社会主義、民主主義　Ⅰ・Ⅱ』日経BP
孫子／金子治訳注（2000）『新訂 孫子』岩波文庫
高岡詠子（2012）『シャノンの情報理論入門　価値ある情報を高速に、正確に送る（電子書籍版）』講談社
ドラッカー、P.F.／上田惇生訳（2015）『イノベーションと企業家精神（エッセンシャル版）（電子書籍版）』ダイヤモンド社
日本聖書学研究所／土岐健治、左近淑他訳（1975）『聖書外典偽典3（旧約偽典1）』教文館
ハンセン、アンデシュ／久山葉子訳（2020）『スマホ脳（電子書籍版）』新潮社
ファーガソン、ニーアル／柴田裕之訳（2021）『大惨事（カタストロフィ）の人類史（電子書籍版）』東洋経済新報社

フレイ、カール・B./村井章子、大野一訳（2020）『テクノロジーの世界経済史　ビル・ゲイツのパラドックス（電子書籍版）』日経BP
ベイン・アンド・カンパニー（リグビー、ダレル・エルク、サラ・ベレズ、スティーブ）/石川順也・市川雅稔監訳・解説、川島睦保訳（2021）『AX（アジャイル・トランスフォーメーション）戦略　次世代型現場力の創造』東洋経済新報社
マクルーハン、エリック・ジングローン、フランク編/有馬哲夫訳（2007）『エッセンシャル・マクルーハン　メディア論の古典を読む』NTT出版
松岡正剛（1997）『情報の歴史を読む　世界情報文化史講義』NTT出版
みずほ情報総研株式会社（2020）『日本におけるフェイクニュースの実態等に関する調査研究　ユーザのフェイクニュースに対する意識調査　報告書』(https://www.soumu.go.jp/main_content/000693284.pdf)
ミンツバーグ、ヘンリー/DIAMONDハーバード・ビジネスレビュー編集部編・訳（2007）『H.ミンツバーグ経営論』ダイヤモンド社
村上堅太郎、江上波夫、林健太郎（1972）『詳説世界史（再訂版）』山川出版社
ルーデンドルフ、エーリヒ/伊藤智央訳・解説（2015）『ルーデンドルフ　総力戦』原書房

【著者紹介】

北岡 元（きたおか　はじめ）
前在エストニア日本国大使館特命全権大使

1979年東京大学法学部卒業、同年外務省入省、欧亜局（現欧州局）西欧第二課、80年外務省在外上級研修員（英国留学）、82年在英国日本国大使館、84年オックスフォード大学国際関係論修士取得（M. Litt. in International Relations）、同年外務省経済局国際経済第一課、87年外務省中近東アフリカ局（現中東アフリカ局）中近東第一課・課長補佐、89年外務省欧亜局（現欧州局）西欧第二課・首席事務官、91年在バングラデシュ日本国大使館・一等書記官、93年在ニューヨーク日本国総領事館・経済部領事、94年在フィンランド日本国大使館・一等書記官、96年在フィンランド日本国大使館・総括参事官、98年外務省国際情報局国際情報課・課長（現国際情報統括官組織・第一国際情報官）、2001年（財）世界平和研究所・主任研究員、03年内閣情報調査室衛星情報センター・管理部総務課長、05年国立情報学研究所・教授、06年拓殖大学大学院・非常勤講師（兼務）、07年政策研究大学院大学・教授、09年日本貿易振興機構（ジェトロ）出向・対日投資部上席主任調査研究員、11年在エチオピア日本国大使館公使、13年在エディンバラ総領事、16年在タジキスタン日本国大使館特命全権大使、19年在エストニア日本国大使館特命全権大使、2021年退官。

主要業績に、『インテリジェンス入門――利益を実現する知識の創造』（慶應義塾大学出版会、2003年／第2版、2009年）、『国際政治事典』（弘文堂、2005年、共同執筆：インテリジェンス関連の21項目を執筆）、『インテリジェンスの歴史――水晶玉を覗こうとする者たち』（慶應義塾大学出版会、2006年）、『インテリジェンスの20世紀――情報史から見た国際政治』（千倉書房、2007年、共同執筆：「第7章　戦後日本のインテリジェンス」を執筆）、『仕事に役立つインテリジェンス――問題解決のための情報分析入門』（PHP新書、2008年）、*Global Security and Intelligence*, Westport, Praeger Security International, 2008（共同執筆：日本編を執筆）、『ビジネス・インテリジェンス――未来を予想するシナリオ分析の技法』（東洋経済新報社、2009年）、『[速習！] ハーバード流インテリジェンス仕事術 問題解決力を高める情報分析のノウハウ』（PHP研究所、2011年）など多数。

ネクスト・インテリジェンス
――高度情報化時代の「利益を実現する知識」

2024年9月5日　初版第1刷刊行

著　者――――北岡　元
発行者――――大野　友寛
発行所――――慶應義塾大学出版会株式会社
〒108-8346　東京都港区三田2-19-30
TEL〔編集部〕03-3451-0931
〔営業部〕03-3451-3584〈ご注文〉
〔　〃　〕03-3451-6926
FAX〔営業部〕03-3451-3122
振替　00190-8-155497
https://www.keio-up.co.jp/
装　丁――――後藤トシノブ
組　版――――株式会社ステラ
印刷・製本――中央精版印刷株式会社
カバー印刷――株式会社太平印刷社

Printed in Japan　ISBN 978-4-7664-2953-4